汽车维修入门书系

新能源汽车构造原理快速入门 50 天

组　编　广东凌泰教育资源股份有限公司
主　编　蔡晓兵　董光海
副主编　段　辉　黄子良

机械工业出版社

本书采用高清大图的形式,采用"每天一个专题"的方式,配以生动、简洁的语言,描述了新能源汽车的构造和原理,并加入了基本的维护及检查方法,从而使读者更加全面地了解新能源汽车的构造原理。本书内容直观、具体全面、资料新颖,同时采用互联网+形式,在书中适当位置插入二维码,读者可使用移动设备扫描二维码,观看新能源汽车构造原理的相关视频。

本书共分9章50个专项内容,从新能源汽车基础(定义、分类、基本结构、高压安全、高压触电应急救助、高压部件及车上保护措施、车辆正确驾驶、事故应急处理、维修常用工具、仪器等)入手,详细介绍了新能源汽车构造与原理(包括纯电动汽车、混合动力汽车、增程式混合动力汽车、插电式混合动力汽车、燃料电池电动汽车)、新能源汽车动力电池及管理系统、新能源汽车高压配电系统、新能源汽车充电系统、新能源汽车驱动系统、新能源汽车冷却系统、新能源汽车底盘基本构造、新能源汽车电气系统的结构、原理,以及基本的维护检查方法。

本书可作为学习新能源汽车技术的参考书、工具书,适合汽车院校新能源汽车专业师生、新能源汽车维修人员以及新能源汽车车主及爱好者阅读使用。

图书在版编目(CIP)数据

新能源汽车构造原理快速入门50天/广东凌泰教育资源股份有限公司组编;蔡晓兵,董光海主编.—北京:机械工业出版社,2021.5(2025.5重印)
ISBN 978-7-111-67914-1

Ⅰ.①新⋯ Ⅱ.①广⋯②蔡⋯③董⋯ Ⅲ.①新能源-汽车-构造 Ⅳ.①U469.7

中国版本图书馆CIP数据核字(2021)第060309号

机械工业出版社(北京市百万庄大街22号 邮政编码100037)
策划编辑:连景岩 责任编辑:连景岩 刘 煊
责任校对:陈 越 封面设计:鞠 杨
责任印制:郜 敏
中煤(北京)印务有限公司印刷
2025年5月第1版第2次印刷
184mm×260mm・15印张・400千字
标准书号:ISBN 978-7-111-67914-1
定价:90.00元

电话服务 网络服务
客服电话:010-88361066 机 工 官 网:www.cmpbook.com
 010-88379833 机 工 官 博:weibo.com/cmp1952
 010-68326294 金 书 网:www.golden-book.com
封底无防伪标均为盗版 机工教育服务网:www.cmpedu.com

前　言

新能源汽车可同时解决环境污染和能源困局的双重问题，是一种利用新兴能源来支持汽车运行、给汽车提供动力的新型汽车。新能源汽车有别于传统汽车，主要是针对支持汽车动力燃料的不同而言的。传统汽车一般使用汽油和柴油，而新能源汽车包括纯电动汽车、燃料电池汽车、混合动力汽车和氢能源动力汽车等。

新能源汽车基本上可以分成两种：一种是完全脱离石油供给，使汽车产生动力的车型，包括纯电动汽车、燃料电池汽车等；另一种是不完全使用传统能源使汽车产生动力的车型，包括混合动力汽车和乙醇汽车等。

本书采用高清大图的形式，采用"每天一个专题"的方式，配以生动、简洁的语言描述了新能源汽车的构造和原理，并加入了基本的维护及检查方法，从而使读者更加全面地了解新能源汽车的构造原理。本书内容直观、具体全面、资料新颖，同时采用互联网＋形式，在书中适当位置插入二维码，读者可使用移动设备扫描二维码，观看新能源汽车构造原理的相关视频。

本书9章50个专项内容，从新能源汽车基础（定义、分类、基本结构、高压安全、高压触电应急救助、高压部件及车上保护措施、车辆正确驾驶、事故应急处理、维修常用工具、仪器等）入手，详细介绍了新能源汽车构造与原理（包括纯电动汽车、混合动力汽车、增程式混合动力汽车、插电式混合动力汽车、燃料电池电动汽车）、新能源汽车动力电池及管理系统、新能源汽车高压配电系统、新能源汽车充电系统、新能源汽车驱动系统、新能源汽车冷却系统、新能源汽车底盘基本构造、新能源汽车电气系统的结构、原理，以及基本维护检查方法。

本书由广东凌泰教育资源股份有限公司组织编写，蔡晓兵、董光海担任主编，段辉、黄子良担任副主编，参加编写的还有于海东、陈文韬、徐永金、蔡志海、陈海波、潘庆浩、韦梅英、邓冬梅、赵志远等。

本书可作为学习新能源汽车技术的参考书、工具书，适合汽车院校新能源专业师生、新能源汽车维修人员以及新能源汽车车主及爱好者阅读使用。

编　者

二维码清单

名称	图形	页码	名称	图形	页码
01.新能源汽车的概念与分类		1	08.动力电池的检查与维护		78
02.新能源汽车高压安全与防护		4	09.新能源汽车高压配电系统		81
03.新能源汽车高压部件介绍		9	10.新能源汽车充电系统		97
04.纯电动汽车		24	11.车载充电系统检查保养		119
05.插电式混合动力汽车		44	12.新能源汽车驱动系统		121
06.燃料电池汽车		46	13.新能源汽车驱动电机及管理系统		125
07.新能源汽车动力电池与管理系统		49	14.电机减速机构检测与维修		154

（续）

名称	图形	页码	名称	图形	页码
15.新能源汽车动力电池冷却系统		158	18.新能源汽车电动转向系统		175
16.新能源汽车驱动电机冷却系统		161	19.新能源汽车电控制动系统		178
17.动力电池冷却系统检查保养		172	20.新能源汽车电动空调系统		204

目　　录

前言

二维码清单

第1章　新能源汽车基础 ··· 1

第1天　新能源汽车定义、分类与基本结构 ··· 1
一、新能源汽车定义 ·· 1
二、新能源汽车分类与基本结构 ·· 2

第2天　新能源汽车高压安全 ··· 3
一、高压电 ··· 3
二、高压电危害 ··· 4

第3天　新能源汽车高压触电应急救助 ·· 6
一、迅速脱离电源 ·· 6
二、现场救护 ·· 7

第4天　新能源汽车高压部件及车上保护措施 ··· 8
一、高压部件 ·· 8
二、车上保护措施 ··· 10

第5天　新能源汽车正确驾驶 ··· 13
一、驾驶操纵件认知 ·· 13
二、仪表认知 ·· 15
三、驾驶操作基本方法 ··· 15
四、驾驶注意事项 ··· 15

第6天　新能源汽车事故现场紧急处理 ··· 16
一、救援 ·· 16
二、车辆浸水处理 ··· 16
三、车辆着火处理 ··· 17
四、电池包漏液处理 ·· 17
五、拖车处理 ·· 17

第7天　新能源汽车维修常用工具 ·· 18
一、防护与绝缘工具 ·· 18
二、绝缘工具的检查 ·· 19

第 2 章　新能源汽车构造与原理 24

第 8 天　纯电动汽车构造与原理 24
一、纯电动汽车基本构造 24
二、纯电动汽车各系统组成与原理 24
三、纯电动汽车工作原理 26
四、驱动系统布置形式 26

第 9 天　混合动力汽车构造与原理 27
一、混合动力汽车分类 27
二、串联式混合动力汽车结构与原理 29
三、并联式混合动力汽车结构与原理 32
四、混联式混合动力汽车结构与原理 36
五、动力耦合装置 41

第 10 天　增程式混合动力汽车构造与原理 42
一、增程式混合动力汽车定义及基本组成 42
二、增程式混合动力汽车工作原理 43
三、增程式混合动力汽车的特点 43

第 11 天　插电式混合动力汽车构造与原理 44
一、插电式混合动力汽车定义及基本组成 44
二、插电式混合动力汽车构造与原理 44
三、插电式混合动力汽车特点 45

第 12 天　燃料电池电动汽车构造与原理 46
一、燃料电池电动汽车定义及基本结构 46
二、丰田 Mirai 燃料电池汽车 47
三、燃料电池电动汽车特点 48

第 3 章　新能源汽车动力电池及管理系统 49

第 13 天　电池基础知识 49
一、原电池 49
二、一次电池与二次电池 50
三、电池分类 50

第 14 天　动力电池结构组成及参数 51
一、动力电池结构组成 51
二、动力电池参数 53

第 15 天　镍氢动力电池 54
一、镍氢电池结构组成与工作原理 54
二、镍氢电池的充放电特性及寿命 55
三、镍氢电池的优点 56

第 16 天　锂离子动力电池 ····· 56
一、锂离子电池结构原理及特点 ····· 56
二、磷酸铁锂电池 ····· 58
三、三元锂电池 ····· 59

第 17 天　常见电动汽车动力电池配置 ····· 60
一、北汽电动汽车 ····· 60
二、吉利电动汽车 ····· 60
三、比亚迪电动汽车 ····· 61
四、丰田混合动力汽车 ····· 63
五、宝马电动汽车 ····· 65
六、广汽电动汽车 ····· 71

第 18 天　动力电池管理系统 ····· 73
一、动力电池管理系统基本功能 ····· 73
二、动力电池管理系统的组成及原理 ····· 74
三、常见车型动力电池管理系统 ····· 75

第 19 天　动力电池基本维护及检查 ····· 78
一、外观维护 ····· 78
二、电量检查（电池容量测试） ····· 78
三、绝缘检查 ····· 79
四、动力电池的使用与维护 ····· 80

第 4 章　高压配电系统 ····· 81

第 20 天　高压配电系统认知 ····· 81

第 21 天　常见车型高压配电系统配置 ····· 83
一、吉利电动汽车 ····· 83
二、北汽电动汽车 ····· 88
三、比亚迪电动汽车 ····· 91
四、本田混动车型 ····· 92
五、宝马电动汽车 ····· 94

第 22 天　高压配电系统基本维护及检查 ····· 94
一、高压配电箱的维护及检查 ····· 94
二、高压配电系统回路短路检查 ····· 94

第 5 章　充电系统 ····· 97

第 23 天　充电系统认知 ····· 97
一、快充（直流高压充电） ····· 97
二、慢充（交流高压充电） ····· 97

三、低压充电 … 98
四、制动能量回收 … 98
五、辅助功能 … 98

第 24 天　充电口、车载充电机（车载充电器） … 99
一、充电口 … 99
二、车载充电机（车载充电器） … 101

第 25 天　常见车型充电系统配置 … 110
一、电动版 SMART453 … 110
二、比亚迪 e2 … 113
三、吉利新能源 … 114

第 26 天　充电系统基本维护及检查 … 118
一、充电口盖开关状态 … 118
二、车载充电机维护及检查 … 119
三、快充口绝缘维护及检查 … 119

第 6 章　驱动系统 … 121

第 27 天　电机基础知识 … 121
一、电机作用 … 121
二、电机分类 … 122
三、电机型号 … 122
四、驱动电机性能要求 … 124

第 28 天　三相交流同步电机结构原理 … 124
一、永磁同步电机基本结构 … 124
二、三相交流同步电机原理 … 126

第 29 天　三相交流异步电机结构原理 … 127
一、三相交流异步电机基本结构 … 127
二、三相交流异步电机基本原理 … 128
三、三相感应异步电机的控制系统 … 129
四、三相感应异步电机与三相交流永磁同步电机比较 … 130

第 30 天　变速器 … 130
一、变速器基本概念 … 130
二、吉利帝豪 EV450 单速变速器 … 131
三、北汽新能源单速变速器 … 131
四、宝马 i8 混合动力汽车吉凯恩两档变速器 … 132

第 31 天　常见车型驱动系统配置 … 133
一、比亚迪车系 … 133
二、北汽新能源 … 138

三、吉利帝豪PHEV ································ 140
　　四、丰田凯美瑞混合动力车型 ················ 141
　　五、特斯拉Model S ······························· 143
　　六、本田思铂睿、雅阁混动车型 ············ 143
　　七、大众/奥迪混动车型 ························· 145
　　八、宝马新能源 ····································· 149
　　九、路虎揽胜P400e混动车型 ················ 152
　第32天　驱动系统基本维护与检查 ············ 154
　　一、驱动电机检查 ································· 154
　　二、减速器检查与维护 ·························· 155

第7章　冷却系统 ·· 157

　第33天　动力电池冷却系统 ························ 157
　　一、空调制冷剂冷却式 ·························· 157
　　二、水冷式 ·· 157
　　三、风冷式 ·· 159
　第34天　驱动电机冷却系统 ························ 161
　　一、驱动电机冷却系统原理及作用 ········ 161
　　二、驱动电机冷却系统的分类 ··············· 162
　第35天　常见车型冷却系统配置 ················ 163
　　一、吉利帝豪GSe电动汽车 ···················· 163
　　二、广汽传祺GA3S PHEV ······················ 165
　　三、宝马F18（530LE）·························· 166
　　四、比亚迪新能源车型冷却系统 ············ 167
　　五、路虎揽胜P400e混动车型 ················ 169
　第36天　冷却系统基本维护与检查 ············ 172
　　一、检查冷却液液面 ····························· 172
　　二、检查冷却系统是否渗漏 ··················· 172
　　三、检查电动水泵 ································· 172
　　四、清洁散热器 ····································· 173
　　五、更换冷却液 ····································· 173

第8章　新能源汽车底盘基本构造 ················ 175

　第37天　电动转向系统 ································ 175
　　一、电动转向系统的结构及原理 ············ 175
　　二、电动转向系统分类 ·························· 176
　第38天　电动制动系统 ································ 178
　　一、电动真空助力系统 ·························· 178

二、再生制动系统 ·· 179

第39天　行驶系统 ·· 181
　　一、行驶系统基本结构 ·· 181
　　二、车身（车架） ·· 181
　　三、车桥和车轮 ·· 182
　　四、悬架 ·· 183

第9章　新能源汽车电气系统 ·· 186

第40天　新能源汽车功率电子变换装置认知 ·························· 186
　　一、DC/DC 变换器 ·· 186
　　二、DC/AC 逆变器 ·· 188
　　三、丰田普锐斯 THS 三代的功率电子变换装置 ······················· 188

第41天　新能源汽车电路特点 ······································ 190
　　一、新能源汽车电路 ·· 190
　　二、新能源汽车电路的基本特点 ······································ 191

第42天　新能源汽车电路图识读（吉利车系） ························ 192

第43天　新能源汽车电路图识读（比亚迪车系） ······················ 197
　　一、插接器编码 ·· 198
　　二、熔丝编号规则 ·· 202
　　三、继电器编号 ·· 202

第44天　新能源汽车电路图识读（北汽车系） ························ 203

第45天　新能源汽车空调系统结构原理 ······························ 204
　　一、新能源汽车空调系统的组成及作用 ································ 204
　　二、电动空调压缩机 ·· 207

第46天　新能源汽车空调系统基本维护与检查 ························ 208
　　一、检漏 ·· 208
　　二、检查电路线束 ·· 209
　　三、检查压缩机 ·· 209
　　四、更换空调滤芯 ·· 209
　　五、制冷剂的加注 ·· 209

第47天　新能源汽车照明系统 ······································ 210
　　一、吉利帝豪 EV450 照明系统结构 ··································· 210
　　二、吉利帝豪 EV450 照明系统工作原理 ······························· 211
　　三、随动前照灯系统 ·· 212

第48天　新能源汽车电动辅助系统 ·································· 212
　　一、电动车窗 ·· 213

二、电动天窗 213
　三、电动后视镜 214
　四、电动座椅 215
　五、刮水器洗涤器系统 216

第 49 天　新能源汽车智能网联系统 217
　一、智能网联汽车的定义 217
　二、智能网联汽车的分级 218
　三、新能源汽车智能网联系统构成及原理 220
　四、智能网联汽车特殊功能系统 221
　五、广汽新能源 ADiGO 3.0 自动驾驶系统功能 225

第 50 天　新能源汽车未来发展 226
　一、我国新能源汽车现状及发展政策 226
　二、我国新能源汽车技术发展 226
　三、我国新能源产业规划与布局 227

第1章

新能源汽车基础

第1天　新能源汽车定义、分类与基本结构

一、新能源汽车定义

在不断变化的过程中，中国新能源汽车的定义以及包含的车辆类型逐渐由模糊变得清晰，同时也越来越科学规范。

2001年，根据"十五"国家高技术研究发展计划（简称863计划）电动汽车重大专项主要政策，诞生了"电动汽车"名词。电动汽车包括纯电动汽车、混合动力电动汽车和燃料电池电动汽车。

2006年，根据"十一五"863计划节能与新能源汽车重大专项主要政策，出现了"节能与新能源汽车"名词。节能与新能源汽车包括纯电动汽车、混合动力电动汽车和燃料电池电动汽车。

2009年6月，工业和信息化部公告发布了《新能源汽车生产企业及产品准入管理规定》（2009年7月1日正式实施），准入管理规定明确指出：新能源汽车是指采用非常规的车用燃料作为动力来源（或使用常规的车用燃料、采用新型车载动力装置），综合车辆的动力控制和驱动方面的先进技术，形成的技术原理先进、具有新技术、新结构的汽车。非常规的车用燃料是指除汽油、柴油、天然气（NG）、液化石油气（LPG）、乙醇汽油、甲醇、二甲醚之外的燃料。

2012年，国务院发布《节能与新能源汽车产业发展规划（2012—2020年）》，该规划在2012年沿用新能源汽车名词，分类包括插电式混合动力汽车、纯电动汽车和燃料电池汽车。主要特征是采用新型动力系统，完全或主要依靠新型能源驱动的汽车。

2017年1月，工业和信息化部颁布了新修订的《新能源汽车生产企业及产品准入管理规定》（2017年7月1日正式实施），规定新能源汽车是指采用新型动力系统，完全或者主要依靠新型能源驱动的汽车，包括插电式混合动力（含增程式）汽车、纯电动汽车和燃料电池汽车等。

财政部、工业和信息化部、国家税务总局发布的各批次《免征车辆购置税的新能源汽车车型目录》要求列入目录的新能源汽车须同时符合以下条件：

① 获得许可在中国境内销售的纯电动汽车、插电式（含增程式）混合动力汽车、燃料电池汽车。
② 使用的动力蓄电池（也称动力电池）不包括铅酸电池。
③ 纯电动续驶里程须符合新能源汽车纯电动续驶里程要求。
④ 插电式混合动力乘用车综合燃料消耗量（不含电能转化的燃料消耗量）

01. 新能源汽车的概念与分类

与现行的常规燃料消耗量国家标准中对应目标值相比小于 60%；插电式混合动力商用车综合燃料消耗量（不含电能转化的燃料消耗量）与现行的常规燃料消耗量国家标准中对应限值相比小于 60%。

⑤ 通过新能源汽车专项检测，符合新能源汽车标准要求。

二、新能源汽车分类与基本结构

在 GB/T 19596—2017《电动汽车术语》中按照汽车行驶动力来源的不同，将电动汽车划分为纯电动汽车（Battery Electric Vehicle，BEV）、混合动力电动汽车（Hybrid Electric Vehicle，HEV）、燃料电池电动汽车（Fuel Cell Electric Vehicle，FCEV）3 种基本类型。

1. 纯电动汽车

纯电动汽车是完全靠电能驱动的车辆。它利用动力电池（如铅酸电池、镍镉电池、镍氢电池或锂离子电池等）作为储能动力源，通过动力电池向驱动电机提供电能，驱动电机运转，从而推动汽车前进。可以通过家用电源、专用充电桩或特定的充电场所为车辆充电，以满足日常的行驶需求。BEV 代表车型有特斯拉 Model S、小鹏 P7（图 1-1-1）、比亚迪 e5/e2、蔚来 ES6/EC6/ES8、吉利帝豪 EV300/EV450/GSe 等。

2. 混合动力电动汽车

混合动力电动汽车是指拥有两种不同动力源的汽车，即发动机与动力电池。混合动力电动汽车代表车型有丰田普锐斯混合动力汽车、宝马 F18 混合动力汽车、比亚迪·秦插电式混合动力汽车（图 1-1-2）、上汽荣威 E550 混合动力汽车等。

两种动力源在汽车不同的行驶状态（如起步、中低速、匀速、加速、高速、减速或者制动等）下分别工作，或一起工作，通过组合达到最少燃油消耗和尾气排放，从而实现省油和环保的目的。与纯电动汽车相比，由于混合动力电动汽车可以利用现有的加油设施，具有与传统内燃机汽车相同的续驶里程，克服了目前纯电动汽车续驶里程短的缺陷。

图 1-1-1　小鹏 P7

图 1-1-2　比亚迪·秦

3. 燃料电池电动汽车

燃料电池电动汽车是指以氢气为燃料，通过与氧气在燃料电池中反应产生电力来带动驱动电机工作，由驱动电机带动汽车中的机械结构工作，从而驱动汽车前行。代表车型有本田 Clarity、丰田 FCHV、丰田 Mirai（图 1-1-3）、奔驰 GLC F-CELL 和通用雪佛兰 Equinox 等。燃料电池电动汽车是最具实际意义、真正环保的车辆。

图 1-1-3　丰田 Mirai

第 2 天　新能源汽车高压安全

一、高压电

1. 基本概念

国家标准 GB 18374—2020《电动安全要求》规定，在汽车领域，特别是纯电动汽车、混合动力电动汽车、燃料电池电动汽车领域，高压电是指：60V < 直流电压 ≤ 1500V；30V < 交流电压 ≤ 1000V。高压会对人体产生伤害，因此在高压下必须采取必要的防护设备对作业人员进行保护。

2. 特征

在电动汽车中，低压通常指的就是 12V 电源系统的电气线路，而高压主要指的是动力电池及相关线路的电压。电动汽车的高压具有如下特点：

① 高压系统的电压一般设计都在 200V 以上。如丰田普锐斯混合动力汽车的动力电池额定电压为 201.6V；奥迪 e-tron 的动力电池额定电压为 396V，如图 1-2-1 所示；比亚迪插电式混合动力汽车的动力电池额定电压高达 500V。

图 1-2-1　奥迪 e-tron 的动力电池（额定电压 396V）

② 高压存在的形式既有直流，也有交流。其中包括动力电池的直流电压，也有充电时的 220V 电网交流电压，以及驱动电机工作时的三相交流电压。

③ 高压系统对绝缘的要求更高，大多数传统汽车上设计的绝缘材料，当电压超过 200V 时可

能就变成了导体,因此在电动汽车上的绝缘材料需要具有更高的绝缘性能。

④ 在 12V 电压情况下,正负极之间的距离需要很近时才会有击穿空气的可能,但是当电压高到 200V 以上时,正负极之间距离很大时就会发生击穿空气而导电,也就是我们常说的电弧。

3. 高压警示标识与颜色

每辆电动汽车的高压组件壳体上都带有一个标识,售后服务人员或车主均可通过标识直观地看出高压电可能带来的危险,所用警示牌基于国际标准危险电压警告标志。高压警示标识采用黄色或红色为底色,图形上布置有高压触电警示国家标准符号,如图 1-2-2 所示。

02. 新能源汽车高压安全与防护

图 1-2-2　高压警示标识与颜色

由于高压导线可能有几米长,因此在一处或两处通过警示牌标识意义不大,售后服务人员可能会忽视这些标牌。因此用橙色警示颜色标出所有高压导线,高压导线的某些插接器以及维修开关也采用橙色设计,如图 1-2-3 所示。

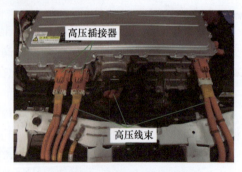

图 1-2-3　高压导线和插接器

二、高压电危害

电能做功的多少与电流的大小、电压的高低、通电时间的长短都有关系。电压越高、通过的电流越大、通电时间越长,电流做功越多。当人体与带电体构成电气连接时,就形成了电流回路。任何可以形成电流回路的物质都会与电能进行能量的转换。也就是说,当高电压加载到人体上后,就会有相应的电流从人体中流过,造成不同程度的触电事故。

触电事故对人体的伤害是多方面的,如图 1-2-4 所示,大体上分为两种:电伤和电击。

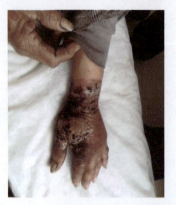

图 1-2-4　触电事故伤害

电伤是指由于电流的热效应、化学效应和机械效应对人体的外表造成的局部伤害，如电灼伤、电烙印和皮肤金属化等。

电击是指电流伤害。由于人体所有的功能和肌肉运动都是由大脑通过对中枢神经系统的电刺激来控制的，因此，当人体遭受过高的电流后，会造成肌肉痉挛，大脑无法再控制肌肉组织，如无法将紧握的拳头松开，不能再自由活动等。若电流穿过胸腔，则会引发肺部痉挛（呼吸中断，使人窒息），心脏不能正常工作（心室纤维性颤动，供血终止）。

1. 确定通过人体的电流

通过人体的电流可通过欧姆定律（$I = U/R$）来确定。人体导电时的电阻值大小取决于电压、电流、触电持续时间、皮肤湿度状况、电流通过人体的路径等。人体电阻示意图如图 1-2-5 所示，人体各部位的参考电阻值见表 1-2-1。

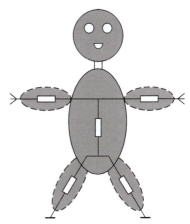

图 1-2-5　人体电阻示意图

表 1-2-1　人体各部位的参考电阻值

电流路径	人体电阻/Ω
手 - 手	1000
手 - 脚（对侧）	1000
手 - 脚（同侧）	750
手 - 胸部	450
手 - 臀部	550

一个人接触到带电物体电压为 230V 交流电时，流经人体的电流可根据触电部位进行计算。例如，触电部位为双手时电流强度为：$I = U/R = 230V/1000Ω = 0.23A = 230mA$。虽然通过 230mA 的电流不大，但加载在人体上时，会对人体造成很大的伤害。

2. 电流的生理效应

通过人体的电流越大，人的生理反应和病理反应就会越明显。触电电流对人体危害的程度，与其持续作用时间之间存在一定的关系，触电时间越长，对人体的危害就越大。但当触电电流较大时（如 500mA），即使触电时间较短，也会对人体造成致命伤害。流过人体的电流分为三个级别：感知电流、摆脱电流、室颤电流，如图 1-2-6 所示。

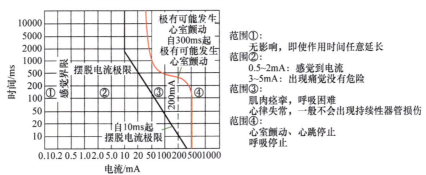

图 1-2-6　人体触电电流值与触电时间

① 感知电流。感知电流是指电流通过人体引起人感觉的最小电流。感知电流一般不会对人体构成伤害。当通过人体的电流超过感知电流时，肌肉收缩增加，刺痛感觉增强，感觉部位扩展。

② 摆脱电流。摆脱电流是指人在触电后能够自行摆脱带电体的最大电流。由于中枢神经反射和肌肉收缩、痉挛，大于摆脱电流时触电人将无法摆脱电源，可以认为摆脱电流是对人体有较大危险的界限。

③ 室颤电流。通过人体引起心室发生纤维性颤动的最小电流称为室颤电流。随着电流强度和持续时间的增加，人体会产生心跳骤停、呼吸停止和严重烧伤的情况。室颤电流是短时间内使人致命的最小电流，因此也称致命电流。

第3天　新能源汽车高压触电应急救助

新能源汽车高压触电事故发生时，具有急救资格和能保证自己生命安全的情况下，应立即采取应急救助措施。首先要使触电者脱离电源，然后再进行现场救护。高压触电急救流程如图1-3-1所示。

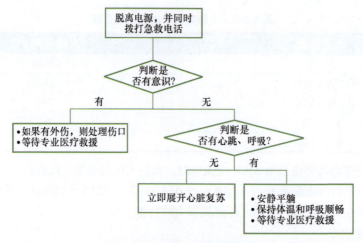

图1-3-1　高压触电急救流程

一、迅速脱离电源

援救触电事故中受伤人员时，自身的安全是第一位的，绝对不要直接触碰仍然与电压有接触的人员。如果可能，则应立刻将电气系统断电，或用不导电的物体（干木板、绳索、绝缘手套等）把事故受害者或者触电导电体与电源分离，如图1-3-2所示。因为电流作用时间越长，伤害越重，所以越快使触电伤员离开电源越好。

图1-3-2　脱离电源

二、现场救护

当触电者脱离电源后,应根据触电者的具体情况迅速对症救护,力争在触电后 1min 内进行救治。触电后在 1min 内进行救治的,90% 以上有良好的效果,而超过 12min 再开始救治的,基本无救活的可能。现场救助步骤如下:

1)若触电者神志清醒,则应使其就地躺平,继续严密观察,暂时不要站立或走动。

2)若触电伤员神志不清,则应就地仰面躺平,且确保气道通畅,并用 5s 时间,呼叫伤员或轻拍其肩部,以判定伤员是否意识丧失。切忌不可摇动伤员头部呼叫伤员。

3)对需要抢救的伤员,应立即进行正确抢救,并设法联系医疗部门接替救治。联系时,要以最短的时间说清楚事故发生的地点、人员伤亡情况及现场控制情况(如告知医院事故发生地点、事故简要情况、受伤人数、伤害程度等),并等待急救单位其他的问题,切勿挂断电话。

4)呼吸、心跳情况的判定:触电伤员如意识丧失,则应在 10s 内,用看、听、试的方法,判定伤员呼吸心跳情况。

① 看:看伤员的胸部、腹部有无起伏动作。

② 听:用耳贴近伤员的口鼻处,听有无呼气声音。

③ 试:试测口鼻有无呼气的气流。再用两手指轻试一侧(左或右)喉结旁凹陷处的颈动脉有无搏动。

若看、听、试的结果为既无呼吸又无颈动脉搏动,则可判定呼吸心跳停止。触电伤员呼吸和心跳均微弱或停止时,应立即按心肺复苏法(CPR)支持生命机能的 3 项基本措施,正确进行就地抢救。

a. 通畅气道。在进行人工呼吸之前,要迅速清理触电者口鼻内的污物,同时要松开患者的衣领、裤带以及紧裹的内衣等,以免妨碍胸部的呼吸运动。一手放在触电者前额,一手托起其下颚,两手协同向后仰,使触电者舌根随之抬起,呼吸道即可畅通。

b. 口对口(鼻)人工呼吸(图 1-3-3)。人工呼吸的操作要点是:救护人员蹲跪在触电者的左侧或右侧,用一只手捏住其鼻翼,另一只手的食指和中指托住其下巴,救护人深吸气后,与触电者口对口紧合,在不漏气的情况下向触电者的口内吹气。吹气 2s 后,在救护人员换气时应将触电者的口或鼻放松 3s,让他借自己胸部的弹性自动吐气。吹气和放松时要注意观察触电者胸部有无起伏的呼吸动作,正常的吹气频率是每分钟 12 次。触电者如果牙关紧闭,则可改为口对鼻人工呼吸。吹气时要将触电者嘴唇紧闭,防止漏气。

图 1-3-3 人工呼吸操作要领

c. 胸外按压(图 1-3-4)。按压时上半身前倾,双肩正对患者胸骨上方,一只手的手掌跟放在患者胸骨中下部,另一只手掌根重叠放于手背上,手指脱离胸壁,双臂绷直,以髋关节为轴,借助上半身的重力垂直向下按压。每次抬起时掌根不能离开胸壁,如图 1-3-5 所示。

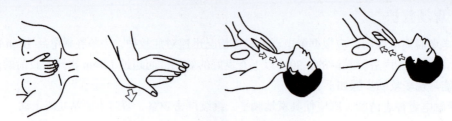

图 1-3-4 胸外按压操作步骤

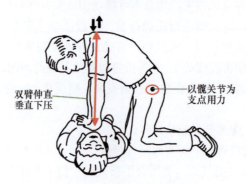

图 1-3-5 胸外按压正确姿势

按压频率至少 100 次 /min；按压幅度至少 5cm 或者胸廓前后径的 1/3，压下与松开的时间基本相等，压下后应让胸廓充分回弹。

第 4 天　新能源汽车高压部件及车上保护措施

一、高压部件

电动汽车高压部件一般包括动力电池、高压控制盒、功率电子（DC/DC 变换器、DC/AC 逆变器）、车载充电机（车载充电器）、直流充电口、驱动电机、电机控制器、电动空调压缩机、风暖PTC 加热器、交流充电口和高压线束等零部件，如图 1-4-1 所示。其高压系统原理图如图 1-4-2 所示。

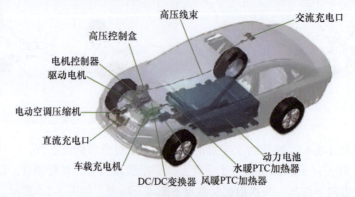

图 1-4-1　电动汽车高压部件

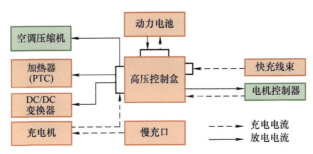

图 1-4-2　高压系统原理图

1. 动力电池

动力电池（图 1-4-3）是纯电动汽车的主要动力源，为汽车所有部件提供能量。动力电池由许多电池模组构成，放置在密封并且屏蔽的动力电池箱里，通过高低压插头与整车进行连接。

图 1-4-3　动力电池

2. 高压控制盒

高压控制盒（图 1-4-4）是"配电枢纽"，能够完成动力电池高压电源的输出及分配，实现对支路用电器的保护及切断。高压控制盒也称分线盒、高压配电箱等，它将动力电池的高压电分配给电机控制器、驱动电机、电动空调压缩机、PTC 加热器、DC/DC 变换器等高压用电设备。同时将交流、直流充电口的高压充电电流分配给动力电池，以便为动力电池充电。

03. 新能源汽车高压部件介绍

图 1-4-4　高压控制盒

3. 车载充电机和 DC/DC 变换器

车载充电机（图 1-4-5a）是慢充系统的一部分，它的作用是将交流电转化为动力电池高压直流电，经过高压控制盒，给动力电池充电。

DC/DC 变换器（图 1-4-5b）的功能是将动力电池的高压直流电变换为整车低压直流电，给整车低压用电系统供电，并为铅酸蓄电池充电，其作用相当于传统汽车的交流发电机。

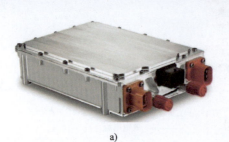
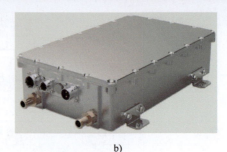

a)   b)

图 1-4-5　车载充电机和 DC/DC 变换器

4. 电机控制器和驱动电机

电机控制器（图 1-4-6a）响应并反馈来自整车控制器（VCU）的指令（根据驾驶员意图发出的各种指令信号），实时调整驱动电机（图 1-4-6b）输出，以实现整车的怠速、前行、倒车、停车、能量回收以及驻坡等功能。动力电池输出的高压直流电经过高压控制盒后，向电机控制器发出相应的指令，促使驱动电机转动。驱动电机的作用是将存储在动力电池中的电能转化为车轮的动能。

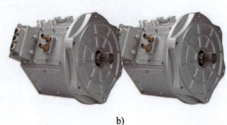

a)   b)

图 1-4-6　电机控制器和驱动电机

二、车上保护措施

1. 基本保护措施

（1）基本绝缘和接触保护

基本绝缘是指导体的直接绝缘（有效绝缘）阻止了漏电故障。基本绝缘在有效绝缘的基础上，防止危险的人体触电事故发生，如图 1-4-7 所示。

接触保护主要是指高压插头的接触保护，如图 1-4-8 所示。

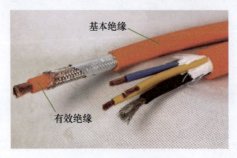

图 1-4-7　基本绝缘　　　　　　　　　　图 1-4-8　接触保护

（2）高压保险管

新能源汽车高压回路上设置有过电流和短路保护装置，高压保险管是最常见的保护装置之一，如图 1-4-9 所示。由于高压系统对熔丝的灵敏度、温度、载流量要求比较高,因此高压保险管大部分用填充石英砂的方式熄灭电弧。高档次的高压保险管是纯银丝,一般是合金,要保证快速熔断,拉弧时间短。

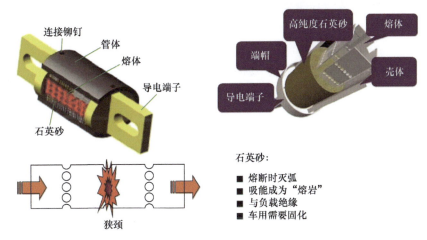

图 1-4-9 高压保险管

2. 预防式保护措施

(1)高压互锁

高压互锁回路(图 1-4-10)用于检测高压电组件线束插接器的连接状态。通过电气小信号(低压 12V)来监控高电压器件、导线、插接器及护盖的电气完整性。若在没有按照规定程序断开高压供电的前提下,拆卸了高压电组件线束插接器(如某个插接器被带电断开),则动力电池管理系统会检测到高压互锁回路存在断路,立即报警并强令高压系统断电,以防止意外事故的发生。

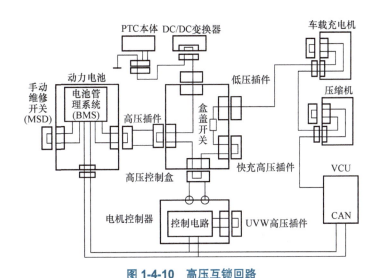

图 1-4-10 高压互锁回路

(2)绝缘监控

电动汽车的绝缘状况以直流正负母线对地的绝缘电阻来衡量。电动汽车的国际标准规定:绝缘电阻值除以电动汽车直流系统标称电压 U,结果应大于 $500\Omega/V$ 才符合安全要求。绝缘监控原理图如 1-4-11 所示。

（3）主动泄放

主动泄放指的是驱动电机控制器中含有主动泄放回路，当检测到车辆发生较大碰撞，或高压回路中某处插接器存在拔开状态，或含有高压的高压电控元件存在开盖的情况时，控制器可在 5s 内将高压回路直流母线电压主动泄放到 60V 以下，迅速释放危险电能，最大限度保证人员安全。主动泄放由电池管理系统（BMS）控制，每次切断高压系统或者中断低压控制线时，都会进行主动放电。

主动泄放功能：通过放电可以消除高压器件内电容器上的残余电压。

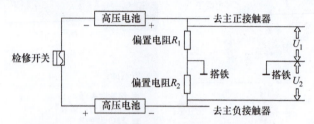

正常情况下：绝缘电阻>200MΩ时，$U_1 = U_2 = 1/2$ 电池总电压。

正极漏电时：$U_1 < 1/2$ 电池总电压，$U_2 > 1/2$ 电池总电压。

负极漏电时：$U_1 > 1/2$ 电池总电压，$U_2 < 1/2$ 电池总电压。

$$U_1 = U_{总} \frac{\frac{1}{R_1} + \frac{1}{\text{正极总线路对车身电阻}}}{R_1 + R_2}$$

$$U_2 = U_{总} \frac{\frac{1}{R_2} + \frac{1}{\text{负极总线路对车身电阻}}}{R_1 + R_2}$$

图 1-4-11　绝缘监控原理图

（4）被动泄放

被动泄放指在含有主动泄放的同时，驱动电机控制器、空调驱动控制器等内部含有高压的电控产品同时设计有被动泄放回路，可在 2min 内将高压回路直流母线电压泄放到 60V 以下，被动泄放作为主动泄放失效的二重保护。

被动泄放功能：为了保证即使在已把部件拆卸下来的情况下，也可以把残余电压消除掉。

（5）碰撞保护

碰撞保护指当车辆发生碰撞时，动力电池管理器检测到碰撞保护信号大于一定阈值时，会切断高压系统主回路的电气连接，同时通知驱动电机控制器激活主动泄放，从而可将发生碰撞时的短路危险、人员电击危险降到最低。

（6）漏电传感器

漏电传感器（图 1-4-12）的功能是对电动汽车直流动力电源母线与其外壳、车身底盘之间的绝缘阻抗进行检测，通常检测与动力电池输出相连接的负极母线与车身底盘之间的绝缘电阻，来判断动力电池的漏电程度。

（7）预充电保护

预充电保护是指在进行充电过程中，首先进行的工作就是由预充电相关电路模块对模块内部相关器件（如电容、电感线圈）进行充电，几秒后再转入正常充电，以此保护过电流的冲击。纯电动汽车通常设计有预充电保护功能，相应配置有预充电接触器、预充电电阻等器件。

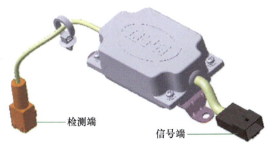

图 1-4-12　漏电传感器

（8）功能互锁、手动维修开关

功能互锁指当车辆在进行充电或插上充电枪时，车辆的高压电控系统会限制整车不能通过自身驱动系统驱动，以防止可能发生的线束拖拽或安全事故。

手动维修开关（MSD）的功能是在车辆维修时直接断开高压回路，从而保证操作人员的安全，如图 1-4-13 所示。

图 1-4-13　手动维修开关

第 5 天　新能源汽车正确驾驶

一、驾驶操纵件认知

1. 起动开关设置

（1）传统起动开关

传统起动开关分为四个档位，如图 1-5-1 所示，档位解析见表 1-5-1。

（2）一键起动开关设置

新能源汽车一键起动开关如图 1-5-2 所示。进入车内，踩下制动踏板，一键起动的灯是绿色的，踩制动踏板按压一次，起动驱动电机。

不踩制动踏板：按压第一次，会给部分设备通电，比如正常熄火后听音乐广播，一键起动灯会变为黄色；按压第二次，会给整车通电，车上所有的电气系统都可用，灯还是黄色，此时各个电气系统会通电自检；按压第三次，断电。

图 1-5-1　传统起动开关

图 1-5-2　一键起动开关

表 1-5-1　传统起动开关档位

档位	说明
LOCK	转向盘锁止，此时大多数电路不能工作
ACC	转向盘解锁，个别电器和附件可以工作
ON	高压通电，所有仪表、警告灯和电路工作
START	READY 绿灯点亮，启动高压

2. 档位方式和换档设置

目前新能源汽车常用换档方式有变速杆式和旋钮式，分别如图 1-5-3a 和图 1-5-3b 所示，D、R、N 的档位说明见表 1-5-2。

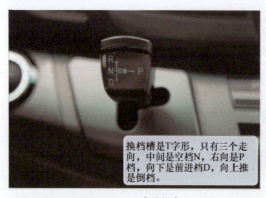

换档槽是T字形，只有三个走向，中间是空档N，右向是P档，向下是前进档D，向上推是倒档。

a) 变速杆式

b) 旋钮式

图 1-5-3　换档方式

表 1-5-2　D、R、N 的档位说明

档位	说明
前进档 D	在换前进档之前，先踩制动踏板，否则档位选择无效
倒档 R	在选择倒档前，确保车辆处于静止状态，然后踩下制动踏板，轻轻压下手柄，再挂档
空档 N	在选择空档前，确保车辆处于静止状态

二、仪表认知

仪表盘能实时显示功率、数字车速、瞬时电耗、倒车雷达、动力电池电压、电流、驱动电机转速、平均电耗、保养里程、车外温度等 20 多项信息，让驾驶员及时获取车辆状况。纯电动汽车仪表如图 1-5-4 所示。

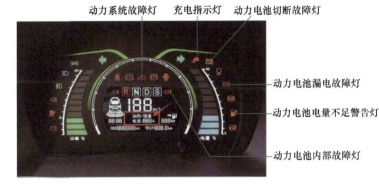

图 1-5-4　纯电动汽车仪表

三、驾驶操作基本方法

1）右脚踩下制动踏板：钥匙拧到"ON"档，仪表背景灯全部亮，低压接通；接着将钥匙拧到"START"档，听见"嘀"的响声，并可以听见电池组内继电器闭合的"哒"声 2 次，电池组高压接通，仪表表盘上显示"READY"绿灯，车辆进入可以行驶状态。

2）放下驻车制动杆，换档操纵机构手柄或旋钮置于 D 位，右脚轻踩电子加速踏板，车辆开始行驶。

3）需要制动时，右脚踩制动踏板，完成制动。

4）需要加速时，右脚均匀用力，逐渐踩下电子加速踏板，车辆开始加速；如果要保持匀速行驶，则将电子加速踏板保持在某一开度即可。

5）无离合器踏板车辆，行驶过程中档位一直置于 D 位即可。

6）需要倒车时，先将换档操纵机构手柄或旋钮拧到 N 位，待车辆停稳后再将换档操纵机构拧到 R 位，完成倒车。

四、驾驶注意事项

1）车辆未停稳时尽量不切换档位。

2）禁止驾驶员同时踩下制动和加速踏板。

3）车辆在转弯过程中应尽量减速，禁止急转弯。

4）车辆在制动过程中应避免紧急制动。

5）起动和驾驶时，避免将加速踏板踩到底。

6）行驶过程中，如果组合仪表指示灯显示系统故障，则应尽快寻找最近的停靠点停车或充电，不得继续行驶。

7）车辆出现故障不能行驶时，搬运车辆时要抬高驱动轮，用拖车搬运。如果不得不用钢丝绳牵引拖车，轮胎接地牵引的情况下，则务必保证车辆尽量低速行驶。

第6天　新能源汽车事故现场紧急处理

一、救援

新能源汽车出现事故时，在事故救援过程中不要因为纯电动或混合动力车辆运行比较安静就误以为它处于停机状态。对于混合动力汽车，当车辆处于"READY"模式时（Y灯亮），发动机会自动起动停机，所以在检查或维修发动机舱时，记住要先看"READY"指示灯是否已熄灭。

在处理维修车辆前，首先用挡块挡住车轮进行驻车制动，挂P位并确认P位指示灯亮，然后按POWER按钮，并确认READY灯熄灭，断开12V备用蓄电池；最后拔掉维修开关或者高压熔丝。

必须注意，在对纯电动汽车或混合动力汽车操作时，急救人员在断开高压电池，接触电缆前要等待5min，即等电容充分放电完毕。解救时若高压电缆被撞断，系统一般会在人员触电前被切断，因为车辆上的绝缘监测功能会不断地监测高压电缆到金属底盘的漏电值。此外，撞车时，安全气囊展开，高压电源也会自动切断，即使安全气囊不展开，变换器里面的减速传感器若超过其限位，也会切断高压电。

二、车辆浸水处理

电动汽车浸水一般有两种情况，一种是在路上行驶过程中涉水，如图1-6-1所示；另一种则是在停车状态下浸水（场地被淹等），如图1-6-2所示。

图1-6-1　车辆涉水

图1-6-2　车辆浸水

若电动汽车在行驶过程中涉水出现进水熄火情况，则首先需要立即关闭点火开关，以免车上的各种电器因进水而发生短路；然后离开车辆，使用拖车将车辆脱离涉水区，再把车辆移至安全地点；移车时尽量使车辆前高后低，这样可使进入电动汽车中的水流出；最后佩戴个人防护用品，执行高电压禁用。

> **注 意**
>
> 车辆在水里时，禁止触碰任何高压部件。
> 除了需要掌握电动汽车在浸水时的紧急处理方法，在浸水之后还必须注意以下几点：
> ①必须穿戴绝缘手套、绝缘鞋和绝缘服后才能接触浸水车辆。
> ②有维修开关的车辆，应将车辆的钥匙拧到OFF挡，断开维修开关。
> ③浸水车辆，需在水中静置一段时间后才可打捞救援。
> ④车辆从水中拉出后，用拖车拖走，请专业人员或电池生产厂家进行拆解。

涉水使用时，尽量不要驾车通过深水区（水深 >100mm）。在多雨的季节，不要将电动汽车停放在低洼或易浸水的地方，由于部分电动汽车的控制器在车身下，靠近地面，在电动汽车经过水坑等地段时，往往会浸没在水中，易造成控制器内线路短路。在雨天行驶后，必须立即擦干沾水部位，以免造成铁件腐蚀和电路漏电、短路等故障。

三、车辆着火处理

当驾乘人员发觉汽车高温报警、有焦味、车内外冒烟或者起明火时，需保持冷静，可按照以下方法进行操作处理：

1）立即减速停车，将开关拧到 OFF 档，拉驻车制动杆，打开所有乘客门，必要时击碎安全窗，安全有序疏导乘客下车。在确保现场人员安全前提下，如果有可能，则应将车辆停放到人员稀少区域，远离加油站和易燃、易爆品。

2）条件允许情况下关掉低压蓄电池开关，断开维修开关。

3）如火势不大，则可以观察着火部位。如果是动力电池箱外部零件着火，则可用干粉或二氧化碳灭火器灭火；如果是动力电池箱内部着火，则在条件允许时可对动力电池不断大量喷水进行冷却，直至动力电池无复燃可能性时停止喷水，喷水时建议人员距离火源点 2m 以上。

正确使用灭火器主要分为以下三步：

① 提起灭火器（若为干粉灭火器，则使用前先摇动数次，使瓶内干粉松散）。

② 拔下保险销，压下压把（图 1-6-3）。

③ 站在上风口，在距火焰 2m 处对准火焰根部喷射。

图 1-6-3 干粉灭火器的使用

4）如果火势太大，发展较快，则应立即远离车辆，等待救援，拨打"119"或"110"报警，有人员伤亡时应打"120"急救。

四、电池包漏液处理

如果动力电池包发生泄漏（明显有液体流出），则应按照以下方法对车辆进行操作：

1）请将车辆钥匙拧到 OFF 档，并在条件允许的情况下断开前舱 12V 蓄电池。

2）断开维修开关。

3）把少量的电解液用抹布擦拭干净。

4）将小苏打（$NaHCO_3$）洒于所漏电解液上。

5）用 pH 试纸检测，要呈蓝色。

6）用干砂、土壤、锯木屑、废棉纱等材料吸附电解液，所收回的电解液应置于密闭塑料容器内。

7）将电解液交给专业机构处理。

五、拖车处理

新能源汽车拖车时，由于一般的设计是采用单减速器直连，轮子的传动到驱动电机之间没有离合器断开，拖车的过程中，电机会被拖拽起来。新能源汽车的空档只是通过控制电机驱动器不给驱动电机输出转矩，系统下电也只是将动力电池的输出禁止，而电机本身还是与车轮永久连接的。因此新能源汽车拖车时，必须严格遵守制造厂商的要求，否则可能损坏车辆的驱动电机或变速单元。

无论是混合动力汽车还是纯电动汽车，正确的牵引方法是使车辆完全平放在货车上，然后牵引车辆到指定的位置。但是，如果是前轮驱动的车辆，也可以采用前轮离地的方式进行车辆的牵引，如图 1-6-4 所示。

a) 车轮托架　　　　　　　　　　　b) 平板救援车

图 1-6-4　正确的拖车牵引方式

① 发生事故、涉水、火灾后，首先应由专业技师切断高电压。
② 没有非常特殊的情况，尽量不要使用拖车钩进行拖车。

第 7 天　新能源汽车维修常用工具

一、防护与绝缘工具

高压安全操作必备的防护与绝缘工具见表 1-7-1。

表 1-7-1　高压安全操作必备的防护与绝缘工具

工具	说明
	警示牌 • 在地面或车辆附近明显位置放置
	绝缘手套（绝缘等级为 1000V/300A 以上） • 拆除及安装高压部件时使用

（续）

工具	说明
	皮手套 • 拆除及安装高压部件时使用（保护绝缘手套）
	绝缘鞋 • 拆除及安装高压部件时使用
	防护眼镜 • 拆除及安装高压部件时使用
	绝缘帽 • 拆除及安装高压部件时使用
	绝缘电阻表 • 测试高压部件绝缘电阻值
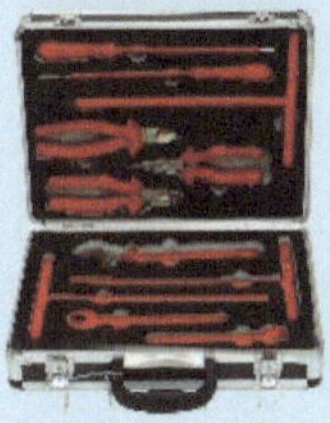	绝缘工具 • 拆除及安装高压部件时使用

二、绝缘工具的检查

1. 绝缘拆装工具的认识

电动汽车存在高电压，因此在对高压系统部件进行维修时必须使用绝缘拆装工具，如图1-7-1所示。绝缘工具是采用绝缘材料进行加工，并适用于电气系统拆装等操作的工具。电动汽车涉及高压部分零件的拆装，必须使用绝缘工具，且绝缘工具必须装有耐压1000V以上的绝缘柄。

绝缘工具的使用方法与普通工具相同，但是有以下特别需要注意的事项：
① 应有专门的工具室存放，室内应通风良好，清洁、干燥。

② 如发现绝缘工具损伤或受潮，则应及时进行检修和干燥处理，试验合格后方可使用。

③ 绝缘工具必须按规定定期进行绝缘性能的试验，不符合试验要求的，禁止使用。

图 1-7-1　绝缘拆装工具

2. 绝缘手套的检查

绝缘手套是使用橡胶、乳胶、塑料等材料制成的，具有防电、防水等功能。高压绝缘手套用于高电压下的作业，适用于 500~36000V 的工作电压范围。在佩戴绝缘手套之前应先检查其是否泄漏。

在使用绝缘手套前请按照以下步骤确认绝缘手套无裂纹、无磨损以及没有其他损伤，推荐检查流程如图 1-7-2 所示。

a)

b)

图 1-7-2　推荐的绝缘手套检查流程

① 卷起手套边缘，并封住手套（图 1-7-2a）。

② 用手捏一捏确认无空气泄漏（图 1-7-2b）。

也可使用向绝缘手套吹气的方法检查它是否磨损和泄漏，如图 1-7-3 所示。

3. 数字电流钳的电流测量

在电动汽车维修与诊断时，经常会需要测量导线中的电流。由于驱动系统的导线（如逆变器与驱动电机之间）存在较大的交变电流，需要使用钳型电流表进行间接测量。

图 1-7-3　吹气法检查绝缘手套

钳形电流表工作部分主要由一只电流表和穿心式电流互感器组成。穿心式电流互感器的铁心制成活动开口，且成钳形，故名钳形电流表。它是一种不需断开电路就可直接测量电路交流电流的携带式仪表。

在测量电流时，可以按以下步骤进行：

① 估算电流大小，选择正确档位与电流类型。例如，如果需要测量三相电机的一相电流，如图 1-7-4 所示，选择交流电流档。

② 打开电流钳，将被测量线路放入电流钳口之中。

> **注 意**
>
> 测量时电流钳应该保持钳口闭合，否则将测出不正确的电流值，如图 1-7-5 所示。

图 1-7-4 档位选择

图 1-7-5 钳口闭合

③ 起动被测量装置，读取电流值。

④ 如需测量一个变化的电流，则应在上步的基础上按下"MAX"键后再启动电流钳（或根据电流表使用说明操作）。

4. 线束绝缘性的检查

电动汽车的运行工况非常复杂，在运行过程中难免会出现部件和导线之间的摩擦、碰撞、挤压等，导致高压电路与车辆之间的绝缘性能下降。电源正负极通过绝缘层和底盘构成漏电回路，并可能造成电气火灾。因此高压电气对车辆底盘的绝缘性是电动汽车的关键技术。在进行电动汽车检查和维护时，必须使用绝缘测试仪检测车辆绝缘性能。

通常检查绝缘的工具有绝缘电阻测试仪，图 1-7-6 所示为某品牌绝缘电阻测试仪外观。

绝缘电阻测试仪使用注意事项：

① 应严格按照使用手册的规定使用，否则可能会破坏测试仪提供的保护措施。

② 在将测试仪与被测电路连接之前，一定要记住选用正确的端子、开关位置和量程档。

图 1-7-6 某品牌绝缘电阻测试仪外观

③ 用测试仪测量已知电压来验证测试仪操作是否正常。

④ 端子之间或任何一个端子与接地点之间施加的电压不能超过测试仪上标明的额定值。

⑤ 电压在 AC30V rms（交流有效值），AC42V（交流）峰值或 DC60V（直流）以上时应格外小心，这些电压有造成触电的危险。

⑥ 出现电池低电量指示符时，应尽快更换电池。

⑦ 测试电阻、连通性、二极管或电容以前，必须先切断电源，并将所有的高压电容器放电。

⑧ 切勿在爆炸性的气体或蒸气附近使用测试仪。使用测试导线时，手指应保持在保护装置的后面。

测量绝缘电阻的步骤：

根据欧洲经济委员会 ECE-R100 标准，绝缘电阻必须至少为 $500\Omega/V$。例如：$288V \times 500\Omega/V = 1.44M\Omega$，测量工具的测量电压至少要与检测部件的常规工作电压一样高。

电动汽车的高压线束检查表见表 1-7-2，请按表中操作步骤对电动汽车的高压线束进行检查。

表 1-7-2 电动汽车的高压线束检查表

操作步骤	操作说明
① 将测试探头插入 V 和 COM（公共）输入端子	—
② 将旋转开关转至所需要的测试电压	—
③ 将探头与待测电路连接，测试仪会自动检测电路是否通电	如果电路中的电压超过 30V（交流或直流），在主显示位置显示电压超过 30V 警告的同时，还会显示高压符号。在这种情况下，测试被禁止。在继续操作之前，先断开测试仪的连接并关闭电源
④ 按压测试按钮，此时将获得一个有效的绝缘电阻读数	辅显示位置上显示被测电路上所施加的测试电压。主显示位置上显示高压符号并以 $M\Omega$ 或 $G\Omega$ 为单位显示电阻。显示屏的下端出现测试图标，直到释放测试按钮。当电阻超过最大显示量程时，测试仪显示 ">" 符号以及当前量程的最大电阻
⑤ 继续将探头留在测试点上，然后释放测试按钮，被测电路即开始通过测试仪放电	主显示位置显示电阻读数，直到开始新的测试或者选择了不同功能或量程，或者检测到了 30V 以上的电压

5. 高压元件绝缘电阻检查

绝缘测试只能在不通电的电路上进行。图 1-7-7 所示为在车上测试绝缘性能的示意图，黑表笔接车身，红表笔测量电气元件相应的端子。

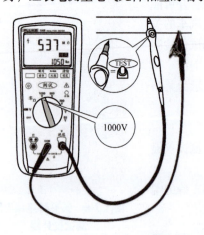

图 1-7-7 在车上测试绝缘性能的示意图

以某车型为例，使用绝缘电阻测试仪检查电器元件的步骤及标准见表 1-7-3。使用绝缘电阻测试仪对绝缘性能进行评价，按照表中的指引进行操作。

表 1-7-3 使用绝缘电阻测试仪检查电器元件的步骤及标准

高压部件	检测项目	检测方法	标准值
动力电池	动力电池正负极与车身（外壳）绝缘电阻的检测	① 拔掉高压接线盒动力电池输入线 ② 将钥匙转至 ON 档 ③ 将绝缘电阻表黑表笔接于车身，红表笔逐个测量动力电池正负极端子	动力电池正极绝缘电阻值 ≥ 1.4MΩ；负极绝缘电阻值 ≥ 1.0MΩ
车载充电机	车载充电机正负极绝缘电阻的检测	① 将低压蓄电池负极断开 ② 拔掉高压接线盒插接器 ③ 将绝缘电阻表黑表笔接于车身，红表笔逐个测量高压接线盒插接器的 B（正极）和 H（负极）	在环境温度为 21~25℃ 和相对湿度为 45%~75% 时，车载充电机正负极输出与车身（外壳）之间的绝缘电阻值 ≥ 1000MΩ；在环境温度为 21~25℃ 和相对湿度为 90%~95% 时，车载充电机正负极输出与车身（外壳）之间的绝缘电阻值 ≥ 20MΩ
DC/DC	DC/DC 绝缘电阻的检测	① 将低压蓄电池负极断开 ② 拔掉高压接线盒插接器 ③ 将绝缘电阻表黑笔接于车身，红表笔逐个测量 A（正极）和 G（负极）	在环境温度为 21~25℃ 和相对湿度为 80%~90% 时，高压输入与车身（外壳）绝缘电阻值 ≥ 1000MΩ；在工作温度为 -20~65℃ 和工作湿度为 5%~85% 环境下，高压输入与车身（外壳）绝缘电阻值 ≥ 20MΩ
空调压缩机	空调压缩机正负极绝缘电阻的检测	① 将低压蓄电池负极断开 ② 拔掉高压接线盒插接器 ③ 将绝缘电阻表黑表笔接于车身，红表笔逐个测量 C（正极）和 F（负极）	向空调压缩机内充入（50±1）cm³ 的冷冻机油和 62~64g 的 HFC-134a 制冷剂后，空调压缩机正负极对车身（外壳）的绝缘电阻值 ≥ 5MΩ 清空空调压缩机内部的冷冻机油后，空调压缩机正负极对车身（外壳）的绝缘电阻值 ≥ 50MΩ
PTC 加热电阻	PTC 正负极绝缘阻值的测量	① 将低压蓄电池负极断开 ② 拔掉高压接线盒插接器 ③ 将绝缘电阻表黑表笔接于车身，红表笔逐个测量 D（正极）和 E（负极）	PTC 正负极与车身（外壳）绝缘电阻值 ≥ 500MΩ
电机控制器和驱动电机	电机控制器、驱动电机正负极输入绝缘阻值的测量	① 将低压蓄电池负极断开 ② 拔掉高压接线盒电机控制器输入插接器 ③ 将绝缘电阻表黑表笔接于车身，红表笔逐个测量正负极端子	电机控制器正负极输入端子与车身（外壳）绝缘电阻值 ≥ 100MΩ
高压接线盒	高压接线盒正负极绝缘电阻值的测量	① 将低压蓄电池负极断开 ② 拔掉高压接线盒插接器，动力电池输入插接器，驱动电机控制器输出插接器 ③ 将绝缘电阻表黑表笔接于车身，红表笔逐个测量高压接线盒端（动力电池输入端，驱动电机控制器输出端）	高压接线盒端（动力电池输入端，驱动电机控制器输出端）与车身（外壳）绝缘电阻值为无穷大

第 2 章

新能源汽车构造与原理

第 8 天　纯电动汽车构造与原理

一、纯电动汽车基本构造

纯电动汽车主要由驱动电机系统、车载电源系统和电气控制系统三大部分组成，如图 2-1-1 所示。纯电动汽车的结构与传统燃油汽车相比，主要是增加了驱动电机系统，取消了发动机，其他如底盘、车身等均相似。

04. 纯电动汽车

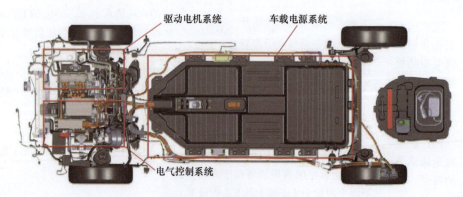

图 2-1-1　纯电动汽车结构

二、纯电动汽车各系统组成与原理

1. 驱动电机系统

驱动电机系统主要包括电机控制器（MCU）、驱动电机、机械传动装置和车轮等。它将储存在动力电池中的电能高效地转化为车轮动能，并能够在汽车减速制动时，将车轮动能转化为电能储存在动力电池中。

（1）电机控制器（MCU）

电机控制器按整车控制器的指令和驱动电机的速度、电流反馈信号，对驱动电机的速度、驱动转矩和旋转方向进行控制。电机控制器必须和驱动电机配套使用。

（2）驱动电机与传动装置

电机有发电机和电动机，驱动电机在电动汽车中承担电动机和发电机的双重功能，即在正常行驶时发挥其主要的电动机功能，将电能转化为机械能；在减速和下坡滑行时充当发电机，将车轮的惯性动能转化为电能。

现代电动汽车很多采用三相交流感应电机，相应的功率变换器采用脉宽调制逆变器。机械传动装置是为电机传动，从而带动车轮行驶。机械变速传动系统一般采用固定速比的减速器，或变速器与差速器。

2. 车载电源系统

车载电源系统主要包括动力电池、电池管理系统（BMS）和充电机控制器等。它的功用是向电机提供驱动电能、监测电源使用情况，以及控制充电机向动力电池充电。

（1）动力电池

动力电池容量取决于纯电动汽车的续驶里程。另外，不同的补充能源装置具有不同的硬件和机构。例如动力电池可通过感应式和接触式的充电机充电，或者采用替换动力电池的方式将替换下来的动力电池再进行集中充电。

（2）电池管理系统与充电机控制器

电池管理系统主要功用是对电动汽车用电池单体及整组进行实时监控、充放电、巡检、温度监测等。充电机控制器是把交流电转化为相应电压的直流电，并按要求控制其电流。

3. 电气控制系统

纯电动汽车的电气控制系统通常包含低压电气子系统、高压电气子系统和整车网络化控制子系统三部分，是一个高度集成的电气化系统，如图 2-1-2 所示。

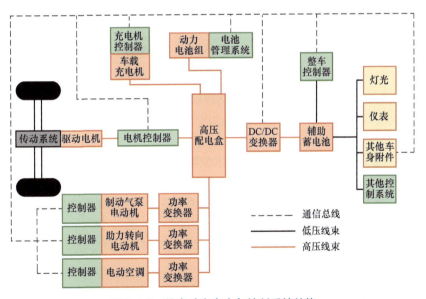

图 2-1-2　纯电动汽车电气控制系统结构

高压电气子系统主要由动力电池、驱动电机和功率变换器等大功率、高电压的电气设备组成，根据车辆行驶的功率需求，完成从动力电池到驱动电机的能量变换与传输过程。

低压电气系统主要由DC/DC变换器、辅助蓄电池和若干低压电器设备组成，采用直流12V或24V电源，一方面为照明灯、刮水器等车辆的常规低压电器供电，另一方面为整车控制器、高压电气设备的控制电路和辅助部件供电。

整车控制系统主要包括整车控制器、电机控制器、电池管理系统、车身控制管理系统、信息显示系统和通信系统。汽车整车控制系统的核心是整车控制器，各种电气设备的工作统一由整车控制器协调控制。它承担了数据交换与管理、故障诊断、安全监控、驾驶人意图解析等功能。

三、纯电动汽车工作原理

典型纯电动汽车组成框图如图2-1-3所示。当汽车行驶时，由动力电池输出电能（电流）通过控制器会驱动电机运转，驱动电机输出的转矩经传动系统带动车轮前进或后退。

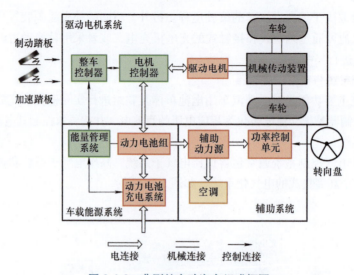

图2-1-3　典型纯电动汽车组成框图

电动汽车工作时，传感器将加速踏板、制动踏板位移的行程量转换为电信号输入中央控制器，经中央控制器处理后发出驱动信号，实现对电动汽车工况（怠速、起动、加速、减速、制动）的控制。

汽车前进时，动力电池输出的直流电经电机控制系统变为交流电后供给驱动电机，驱动电机输出的转矩经传动系统驱动车轮。

汽车减速时，车轮带动驱动电机转动，通过电机控制系统使感应电机变成交流发电机，产生电流，再将交流电变为直流电向动力电池组充电（制动再生能量）。同时，整车控制系统通过各种传感器、电流检测器对动力电池、驱动电机进行监控，并及时反馈信息和报警。

四、驱动系统布置形式

电动汽车的驱动系统是电动汽车的核心部分，其性能决定着电动汽车运行性能的好坏。

采用不同的驱动电机系统可组成不同结构形式的电动汽车。电动汽车驱动系统的布置取决于电机驱动系统的方式，根据驱动电机系统的不同，电动汽车分为6种。常见的驱动系统布置形式如图2-1-4所示。

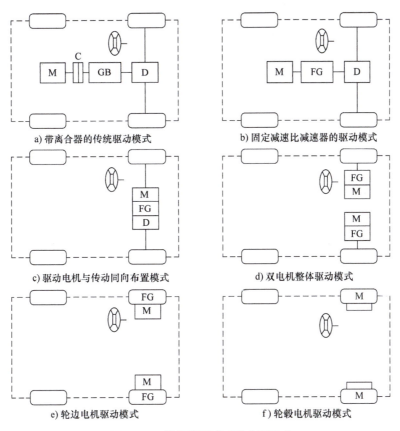

图 2-1-4　常见的驱动系统布置形式

C—离合器　D—差速器　FG—固定器　GB—变速器　M—驱动电机

第 9 天　混合动力汽车构造与原理

一、混合动力汽车分类

1. 混合动力汽车动力系统结构形式分类

混合动力汽车按动力系统结构形式分类，可分为串联式混合动力汽车（SHEV）、并联式混合动力汽车（PHEV）、混联式混合动力汽车（PSHEV）。

（1）串联式混合动力汽车（SHEV）

串联式混合动力汽车是指发动机动力必须通过驱动电机才能传递到车轮，其动力系统结构如图 2-2-1 所示。串联式混合动力电动汽车完全靠驱动电机驱动，发动机只负责发电。代表车型有通用公司的沃蓝达。

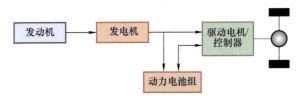

图 2-2-1　串联式混合动力汽车动力系统结构

（2）并联式混合动力汽车（PHEV）

并联式混合动力电动汽车是指发动机和驱动电机转矩均可直接传递到车轮，其动力系统结构如图 2-2-2 所示。代表车型有本田 CR-Z、别克君越 eAssist 等，目前均已停产。

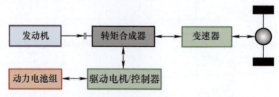

图 2-2-2　并联式混合动力汽车动力系统结构

（3）混联式混合动力汽车（PSHEV）

混联式混合动力汽车是指既可实现发动机与驱动电机分别控制，车辆靠驱动电机驱动，也可实现发动机与驱动电机共同驱动，其动力系统结构如图 2-2-3 所示。代表车型有丰田普锐斯、丰田凯美瑞、比亚迪 F3DM 等。它也是丰田车型主要采用的混合动力形式。

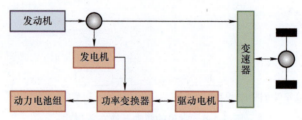

图 2-2-3　混联式混合动力汽车动力系统结构

2. 混合动力汽车混合程度分类

混合程度是指混合动力汽车中驱动电机的有效功率占车辆驱动系统总功率的百分比。按照混合程度可以将市场上的混合动力汽车分为轻度混合动力、中度混合动力和重度混合动力三个等级。详细分类及特征见表 2-2-1。

表 2-2-1　混合动力汽车混合程度分类及特征

分类	混合程度	特征
轻度混合动力	驱动电机峰值功率与发动机的额定功率比在 5%~15% 之间	轻度混合动力混合程度较低，驱动电机不能单独驱动车辆。该类型的车辆一般采用 36V、48V 供电系统，并搭载集成起动电机（ISG）系统。轻度混合动力系统能够实现电机控制发动机起停，还可以在汽车制动和下坡工况下实现部分能量回收
中度混合动力	驱动电机峰值功率与发动机的额定功率比在 15%~40% 之间	中度混合动力汽车采用高压动力电池和驱动电机，在车辆加速或者大负荷工况时，驱动电机可以辅助发动机驱动车辆，补充发动机本身动力输出的不足，提高整车性能。在城市工况下，节省燃油可达到 20%~30%

分类	混合程度	特征
重度混合动力	驱动电机峰值功率与发动机的额定功率比在40%以上	重度混合动力汽车通常采用270～650V高压系统。在城市工况节省燃油可达到30%～50%。动力系统以发动机为基础动力，动力电池作为辅助动力，采用的驱动电机功率更为强大，完全可以满足车辆在起步和低速时的动力要求。重度混合车型在低速行驶时，可以像纯电动汽车一样，支持纯电动行驶，在急加速和爬坡工况下，车辆需要较大的驱动力时，驱动电机和内燃机同时对车辆提供动力。丰田普锐斯、雷凌双擎、卡罗拉双擎、凯美瑞混动以及本田雅阁混动车型等都是重度混合动力车型

二、串联式混合动力汽车结构与原理

1. 串联式混合动力汽车组成

串联式混合动力汽车是指车辆驱动力只来源于驱动电机的混合动力汽车，如图 2-2-4 所示。由发动机带动发电机发电，产生的电能充入动力电池或输送到驱动电机，驱动电机将电能转化为动能，驱动汽车行驶。发动机与驱动轴之间没有直接的机械连接（仅用于发电，不参与车辆驱动），发动机可以不受汽车行驶工况的影响，始终在最佳工作区稳定运行。

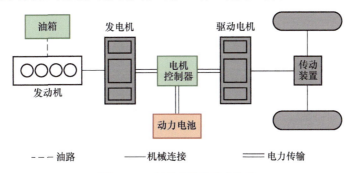

图 2-2-4 串联式混合动力汽车

串联式混合动力汽车系统结构如图 2-2-5 所示，串联式混合动力系统的关键特征是在功率变换器中两个电功率被加在一起。该功率变换器起电功率耦合器的作用，控制从动力电池和发电机到驱动电机的功率流，或反向控制从驱动电机到动力电池的功率流。

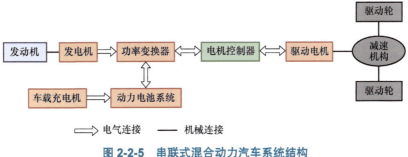

图 2-2-5 串联式混合动力汽车系统结构

串联式混合动力汽车动力流程图如图 2-2-6 所示。

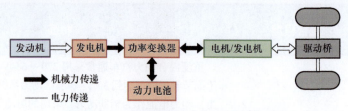

图 2-2-6　串联式混合动力汽车动力流程图

2. 串联式混合动力汽车工作模式

串联式混合动力电动汽车的工作模式主要有纯电驱动模式、纯发动机驱动模式、混合驱动模式、行车充电模式、混合充电模式、再生制动模式和停车充电模式，如图 2-2-7 所示。

（1）纯电驱动模式

纯电驱动模式是指发动机关闭，由动力电池向驱动电机提供电能，驱动车辆行驶，如图 2-2-7a 所示。

（2）纯发动机驱动模式

纯发动机驱动模式是由发动机 - 发电机组向驱动电机提供电能，驱动车辆行驶；动力电池既不供电也不从传动系统中获取能量，如图 2-2-7b 所示。

（3）混合驱动模式

混合驱动模式是指发动机 - 发电机组和动力电池共同向驱动电机提供电能，驱动车辆行驶，如图 2-2-7c 所示。

（4）行车充电模式

行车充电模式是指发动机 - 发电机组向驱动电机提供电能驱动车辆行驶以外，同时向动力电池充电，如图 2-2-7d 所示。

（5）混合充电模式

混合充电模式是指发动机 - 发电机组和运行在发电机状态下的驱动电机（发电机）共同向动力电池充电，如图 2-2-7e 所示。

（6）再生制动模式

再生制动模式是指发动机 - 发电机组关闭，驱动电机运行在发电机状态（发电机），通过消耗车辆本身的动能产生电功率向动力电池充电，如图 2-2-7f 所示。

（7）停车充电模式

停车充电模式是指车辆停止行驶，电机 / 发电机不接收功率，发动机 - 发电机组仅向动力电池充电，如图 2-2-7g 所示。

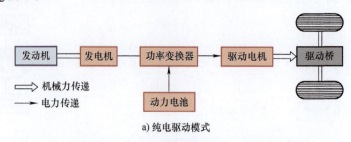

a）纯电驱动模式

图 2-2-7　串联式混合动力汽车工作模式

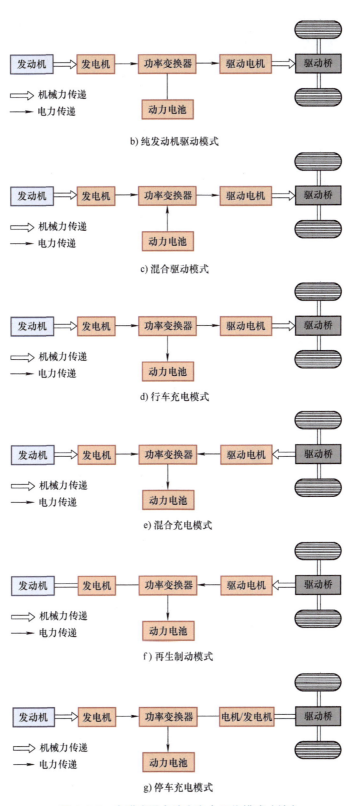

图 2-2-7 串联式混合动力汽车工作模式（续）

3. 沃蓝达 Voltec 混合动力系统

沃蓝达 Voltec 混合动力系统是较为典型的串联式混合动力系统，如图 2-2-8 所示。Voltec 混合动力系统采用了 1 台小型发动机、1 台发电机和 1 台驱动电机对车辆进行综合驱动的系统。沃蓝达上采用的是容量为 16kW·h 的 360V 锂离子动力电池组，动力电池组成 T 形布置，隐藏于后排座椅下及车身中部，纯电动最高行驶里程可达 80km。整个 Voltec 混合动力系统包括汽油发动机、发电机、综合动力分配系统、高容量锂电池以及电力控制单元。

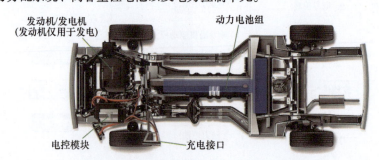

图 2-2-8 沃蓝达（Voltec）混合动力系统

发动机、发电机和驱动电机通过 1 个行星齿轮机构以及 3 个离合器组成了动力产生/回收/分配系统，如图 2-2-9 所示。行星齿轮机构的太阳轮连接到驱动电机，行星架连接到减速机构直接输出动力到车轮，而齿圈则根据实际情况连接到动力分配系统的壳体（固定），或者连接到发电机和发动机。

图 2-2-9 Voltec 动力分配系统结构

三、并联式混合动力汽车结构与原理

1. 并联式混合动力汽车组成

并联式混合动力汽车是指车辆驱动力由驱动电机及发动机同时或单独供给的混合动力汽车。发动机和驱动电机两套驱动系统以并联形式共同驱动车辆，如图 2-2-10 所示，发动机和驱动电机都能单独驱动车轮，也可同时工作，共同驱动车辆行驶。

并联式混合动力汽车动力系统结构如图 2-2-11 所示。它可以采用发动机单独驱动、驱动电机单独驱动或者发动机和驱动电机混合驱动三种工作模式。当发动机提供的功率大于驱动汽车所需要的功率或制能量回收时，电机工作在发电机状态，将多余的能量充入动力电池；当发动机发出的功率小于驱动电动汽车所需要的功率时，驱动电机利用动力电池提供的能量与发动机共同驱动汽车，达到汽车所需要的功率；汽车在起步和低速行驶时，可以只利用动力电池提供驱动功率，驱动电机起"调峰"作用，因此并联式混合动力汽车可以在比较复杂的工况下使用，应用范围较广。

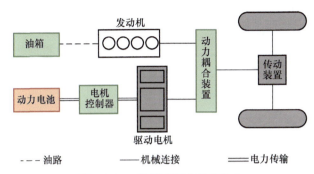

图 2-2-10　并联式混合动力汽车

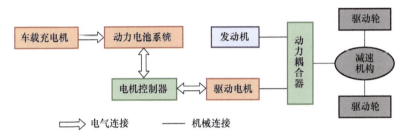

图 2-2-11　并联式混合动力汽车动力系统结构

并联式混合动力汽车动力流程图如图 2-2-12 所示。

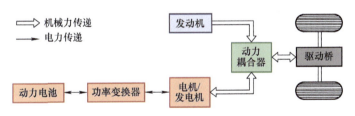

图 2-2-12　并联式混合动力汽车动力流程图

2. 并联式混合动力汽车工作模式

并联式混合动力电动汽车的工作模式主要有纯电驱动模式、纯发动机驱动模式、混合驱动模式、行车充电模式、再生制动模式和停车充电模式，如图 2-2-13 所示。

（1）纯电驱动模式

混合动力电动汽车处于起步、低速工况且动力电池的电量充足时，若以发动机作为动力源，则发动机燃料经济性较低，并且排放性能较差。此时关闭发动机，由动力电池提供能量并以驱动电机驱动车辆行驶。但当动力电池电量较低时，为保护动力电池应该切换到行车充电模式。纯电驱动模式如图 2-2-13a 所示。

（2）纯发动机驱动模式

当混合动力电动汽车以高速平稳运行时，或者行驶在城市郊区等排放要求不高的地方，可由发动机单独工作驱动车辆行驶。在这种工作模式下，发动机工作于高效区，燃料经济性较高，传动效率也较高，如图 2-2-13b 所示。

（3）混合驱动模式

当混合动力电动汽车处于急加速或者爬坡时，发动机和驱动电机均处于工作状态，驱动电机作为辅助动力源协助发动机，提供车辆急加速或者爬坡时所需的功率。此时，汽车的动力性处于最佳状态，如图 2-2-13c 所示。

（4）行车充电模式

当混合动力电动汽车处于正常行驶时，若动力电池荷电状态未达到最高限值时，发动机除了要提供驱动车辆所需的动力外，发动机剩余能量用于带动发电机给动力电池充电，如图 2-2-13d 所示。

（5）再生制动模式

当混合动力电动汽车减速、制动时，发动机不工作，利用电机反拖作用不仅可以有效地辅助制动，又可以使驱动电机以发电机模式工作发电，然后给动力电池充电，将回收的制动能量存储在动力电池中，在必要时释放以驱动车辆行驶，使能量利用率提高，提高燃料经济性，降低排放，如图 2-2-13e 所示。

（6）停车充电模式

在停车充电模式中，通常关闭发动机与驱动电机；但当动力电池电量不足时，可以起动发动机和驱动电机，控制发动机工作于高效区并拖动驱动电机为动力电池充电，如图 2-2-13f 所示。

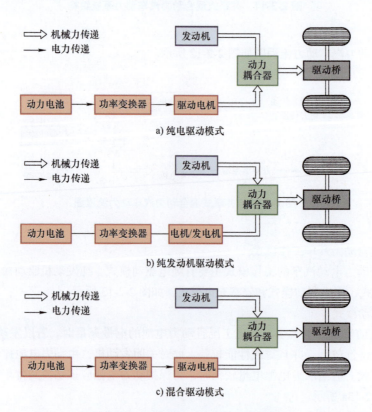

图 2-2-13　并联式混合动力汽车工作模式

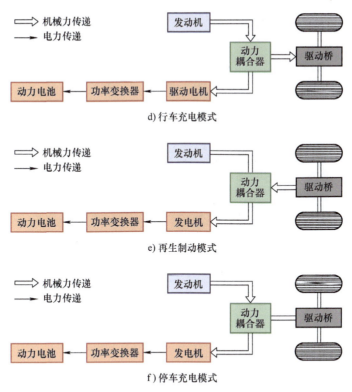

图 2-2-13　并联式混合动力汽车工作模式（续）

3. 本田 IMA 系统

本田 IMA 系统是非常典型的并联式混合动力系统，它的动力分配系统总成如图 2-2-14 和图 2-2-15 所示。IMA 系统至今已发展到第六代，并应用在本田早期的 CR-Z、思域、飞度等混动车型上。下面以 IMA 系统为例来说明并联式混合动力系统的结构，IMA 系统由 4 个主要部件构成，其中包括：发动机、驱动电机、CVT 变速器以及 IPU 智能动力单元。驱动电机取代了传统的飞轮用于保持曲轴的运转惯性。整套系统的结构非常紧凑，和传统汽车相比仅是 IPU 模块占用了额外的空间。

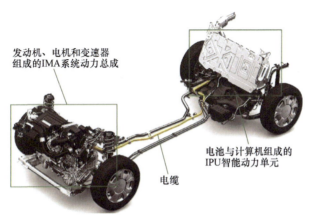

图 2-2-14　本田 IMA 混合动力系统图

图 2-2-15 IMA 动力分配系统总成

四、混联式混合动力汽车结构与原理

1. 混联式混合动力汽车组成

混联式混合动力汽车是指同时具有串联式和并联式驱动方式的混合动力汽车，如图 2-2-16 所示，混合动力汽车综合了串联式和并联式混合动力电动汽车的结构特点。该混合动力系统的特点是利用一个单排行星齿轮机构将发动机和两个电机的动力耦合在一起。单排行星齿轮机构可以实现无级变速器的功能，使整个动力系统效率较高。

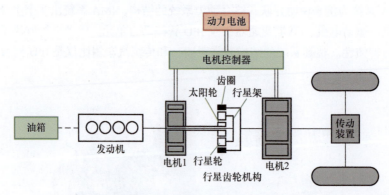

图 2-2-16 混联式混合动力汽车

混联式混合动力汽车系统结构如图 2-2-17 所示。发动机发出的功率一部分通过机械传动系输送给驱动桥，另一部分则驱动发电机发电。发电机发出的电能输送给驱动电机或动力电池，驱动电机产生的驱动力矩通过动力耦合装置传送给驱动桥。混联式混合动力汽车的控制策略是：在汽车低速行驶时，驱动系统主要以串联方式工作；当汽车高速稳定行驶时，驱动系统则以并联工作方式为主。

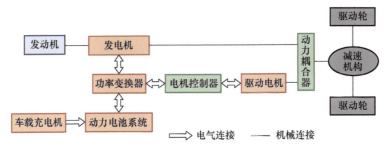

图 2-2-17　混联式混合动力汽车系统结构

混联式混合动力汽车动力流程图如图 2-2-18 所示。

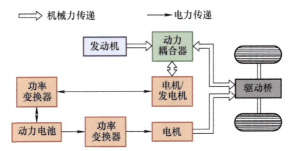

图 2-2-18　混联式混合动力汽车动力流程图

2. 混联式混合动力汽车的工作模式

混联式混合动力汽车的工作模式主要有纯电驱动模式、纯发动机驱动模式、混合驱动模式、行车充电模式、再生制动模式和停车充电模式，如图 2-2-19 所示。

（1）纯电驱动模式

纯电驱动模式是指车辆由动力电池通过功率变换器向驱动电机供电，驱动电机通过动力耦合装置提供驱动功率。此时，发动机与发电机处于关闭状态，如图 2-2-19a 所示。

（2）纯发动机驱动模式

纯发动机驱动模式是指仅由发动机向车辆提供驱动功率，动力电池既不从传动系统中获取能量也不提供电能。此时，驱动电机与发电机处于关闭状态，如图 2-2-19b 所示。

（3）混合驱动模式

混合驱动模式是指车辆的驱动功率由动力电池和发动机共同提供，并通过动力耦合装置合成后，向机械传动装置提供动力，如图 2-2-19c 所示。

（4）行车充电模式

行车充电模式是指发动机除提供车辆行驶所需要的驱动功率外，同时向动力电池提供充电功率。此时，发动机的功率由动力耦合装置分成两路，一路驱动车辆行驶，一路带动发电机发电给动力电池充电，如图 2-2-19d 所示。

（5）再生制动模式

再生制动模式是指发动机处于关闭，驱动电机运行在发电机状态，通过消耗车辆本身的动能产生电功率向动力电池充电，如图 2-2-19e 所示。

（6）停车充电模式

停车充电模式是指车辆停止行驶，发动机通过动力耦合装置带动发电机发电，向动力电池提供电能进行充电，如图 2-2-19f 所示。

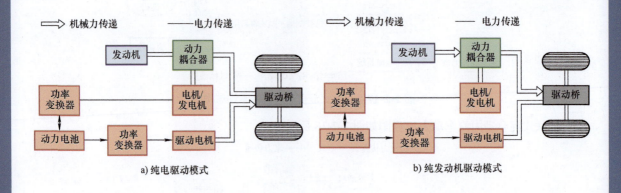
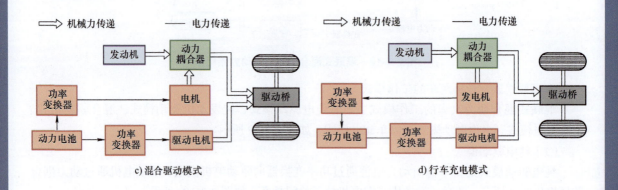
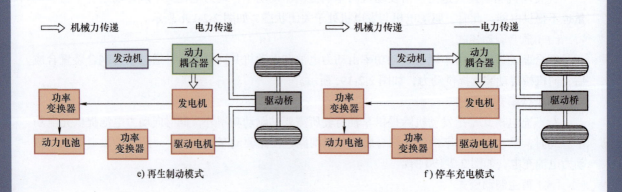

图 2-2-19 混联式混合动力汽车的工作模式

3. 丰田普锐斯混联式混合动力系统

丰田普锐斯混联式混合动力系统如图 2-2-20 所示，其电能路径如图 2-2-21 所示。

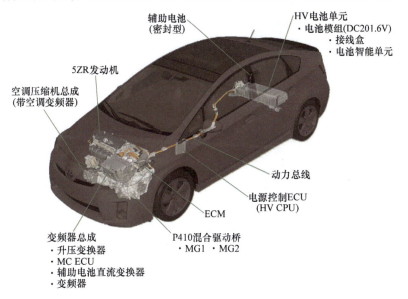

图 2-2-20　丰田普锐斯混联式混合动力系统

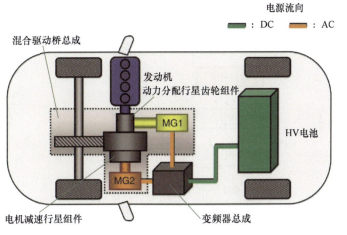

图 2-2-21　电能路径

丰田普锐斯混联式混合动力系统最关键也是最为复杂的部件，就是由两台永磁同步电机及行星齿轮组成的动力分配系统。MG1 主要用于发电，必要时可驱动汽车；MG2 主要用于驱动汽车，在减速制动过程中又作为发电机使用，实现能量回收。MG1、MG2 以及发动机输出轴被连接到一套行星齿轮机构的太阳轮、齿圈和行星架上，动力分配是通过功率控制单元控制 MG1 和 MG2 电机，通过行星齿轮机械机构进行巧妙分配。

4. 本田 i-MMD 混联式混合动力系统

目前 i-MMD 混动系统已经发展到第三代，如图 2-2-22 所示，该系统主要由阿特金森（Atkinson）循环发动机、电动无级变速器 E-CVT（内置发电机、驱动电机、超越离合器及平行轴系及齿轮、主减速器及差速器总成等）、动力电池总成、动力控制单元 PCU 等组成。

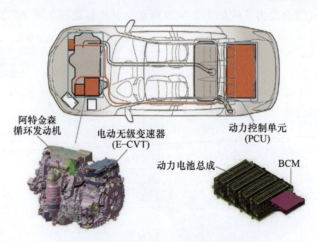

图 2-2-22 第三代 i-MMD 混动系统

本田的 i-MMD 系统结构如图 2-2-23 所示，发电机与驱动电机同轴安装，通过空心轴将动力分别与发动机或输出轴耦合。发电机与发动机刚性耦合，无法分离。驱动电机与输出轴刚性耦合无法分离，但是驱动电机与发动机之间通过一个多片离合器控制通断。无论是发动机与发电机之间，还是电机与发动机，输出轴之间都为转矩耦合方式。转矩耦合要求两组动力或多组动力必须同步运转，也就是说转速必须成一定比例关系。

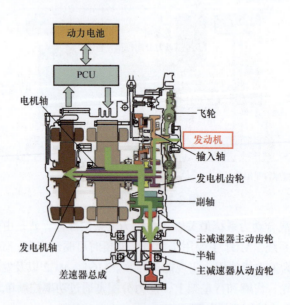

图 2-2-23 i-MMD 系统结构图

图 2-2-24 为 i-MMD 系统混合驱动模式的动力流向。发动机运转，从飞轮传输动力。驱动电机旋转，动力传输至电机轴。从飞轮传输的发动机动力驱动输入轴和发电机轴，但未对超速档离合器施加液压。动力从发动机传输至发电机。电机轴将电机动力传送到中间轴（副轴）和主减速器主动齿轮上，并驱动主减速器从动齿轮，从而驱动车辆运动。

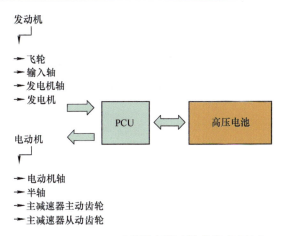

图 2-2-24 i-MMD 系统混合驱动模式的动力流向

五、动力耦合装置

动力耦合装置是混合动力汽车，实施两条或多条独立动力传动系统联合输出动力的所有部件的统称。在串联混合动力电动汽车上，为电电耦合装置；在并联混合动力汽车，为机电耦合装置。

1. 电电耦合装置

在串联混合动力电动汽车中，发动机-发电机组输出的直流电与动力电池组输出的直流电经过电电耦合装置的调整后，共同向电机控制器提供电能，如图 2-2-25 所示。

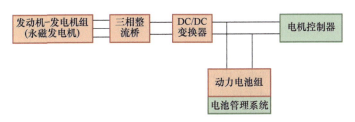

图 2-2-25 电电耦合装置（间接并联）

2. 机电耦合装置

在并联混合动力电动汽车中，机电耦合装置负责将混合动力电动汽车的多个动力装置的输出机械动力组合在一起。它将多机械动力合理地分配并传给驱动桥，实现各种工作模式，在并联混合动力电动汽车开发中处于重要地位。

混合动力电动汽车机电耦合装置应具有以下 4 个功能：

1）动力合成功能：机电耦合装置将来自不同动力装置的机械动力进行动力的合成，实现混合动力驱动工作模式。

2）动力输出不干涉功能：机电耦合装置应保证来自不同动力装置的机械动力单独地输出或让多个动力装置共同输出以驱动汽车行驶，彼此之间不发生运动干涉，不影响传动效率。

3）动力分解与能量回馈功能：机电耦合装置应允许将发动机动力的全部或一部分传递给电机，电机以发电机模式工作，为动力电池组充电，还可以在整车制动时实施再生制动，回收制动能量。

4）辅助功能：机电耦合装置最好能充分发挥电机低速大转矩的特点来实现整车起步，利用电机的反转来实现倒车，从而取消倒档机构。

从机电耦合装置实现动力耦合的机理出发，具体可分为转矩耦合（两个动力装置输出机械转矩的叠加）、转速耦合（两个动力装置输出机械工作转速的叠加）和功率耦合（兼顾了转矩耦合和转速耦合）。日本五十铃混合动力汽车机电耦合装置如图 2-2-26 所示。

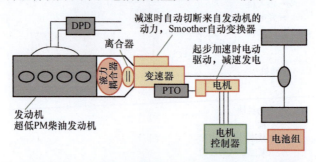

图 2-2-26　日本五十铃混合动力汽车的机电耦合装置

第 10 天　增程式混合动力汽车构造与原理

一、增程式混合动力汽车定义及基本组成

增程式混合动力汽车本身是一种串联式混合动力汽车，其设计理念是在纯电动汽车动力传动系统的基础上，增加一个增程器（小功率的发动机 - 发电机组等），延长动力电池组一次充电续驶里程，满足日常行驶的需要。相比纯电动汽车，增程式混合动力汽车可以采用较小容量的动力电池组，有利于降低动力电池组的成本。相比串联式混合动力汽车，增程器功率偏小，动力电池组容量配置偏高。其代表车型有增程款宝马 i3。

增程式混合动力汽车动力系统主要由动力电池和小型发动机组成。发动机直接与发电机连接，直接驱动发电机，使发动机一直处于最佳工作状态，排放少、效率高，而且结构简单，无离合器与变速器。增程式混合动力汽车动力传动系统如图 2-3-1 所示。

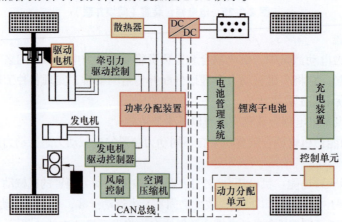

图 2-3-1　增程式混合动力汽车动力传动系统

电动驱动系统是由驱动电机及牵引力驱动控制装置组成，发动机到驱动电机之间没有机械连接，而是首先通过发电装置，将燃油的化学能转化为三相交流电，然后发电机驱动控制器将交流

电转化为直流电,并通过发电机驱动控制器到达功率分配装置,根据工况需要做出牵引力驱动控制的功率分配。

二、增程式混合动力汽车工作原理

增程式混合动力汽车的动力系统与串联插电式混合动力汽车的动力系统相似。区别在于增程式混合动力汽车的能量传递路线体现出两种动力系统,但是只有一种驱动方式,即电机驱动。

1. 纯电动模式

纯电动模式的能量传递路线如图 2-3-2 所示,发动机和发电机无关,动力电池作为唯一的动力源,这种工作模式与纯电动汽车一样。不同之处在于增程式的纯电动续驶里程可以设置得相对较小,不必装备大电量的电池组,电量应能够满足车辆起步、加速、爬坡、急速,以及驱动汽车空调等附件。

2. 增程模式

增程模式的能量传递路线如图 2-3-3 所示。在电池的电量达到预设的电量最低值时,增程器系统启动,发动机运行在最佳的状态,使发电机发电,电能一部分用于驱动车辆行驶,剩余的部分为动力电池充电。增程模式的发动机可有多种工作方式,根据控制策略的不同,可以选择发动机恒功率模式、功率跟随模式、恒功率与功率跟随模式结合,此外,还有智能控制策略和优化算法控制策略等控制策略模式。车辆停止时,可以利用市电为动力电池充电。

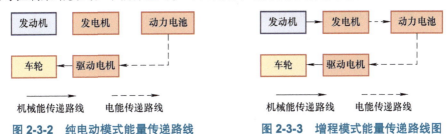

图 2-3-2 纯电动模式能量传递路线　　图 2-3-3 增程模式能量传递路线图

三、增程式混合动力汽车的特点

增程式混合动力汽车是一种可增加续驶里程的纯电动汽车,兼有混合动力汽车和纯电动汽车的特征,是现阶段解决新能源汽车技术问题最切实可行的办法。增程式纯电动汽车的特点如下。

1. 增程式混合动力汽车与纯电动汽车相比

增程式混合动力汽车最大的优点是续驶里程得到了很大提高。在相同行驶里程条件下,增程式混合动力汽车的动力电池组比较小,电池容量只是纯电动汽车的 30%~40%,无需配备大容量的动力电池,其生产及使用成本大幅下降。当动力电池组的 SOC 值降低到一定限值时,转为增程模式运行(增程单元和动力电池组共同工作),动力电池组的充放电倍率大大降低,这样有利于延长电池寿命和使用周期。

增程式混合动力汽车充电所需时间少,因此可以利用小功率充电桩或家庭用电设施进行充电,而且还可以利用晚间"谷电"和休整间隙充电,不需要建立充电站,也不需要大量的换电设施和工作人员,降低了成本。

此外,对于纯电动汽车来说,空调用电是一个很大的负担,据有关研究表明:开空调会使续驶里程减少 1/3,而增程式混合动力汽车则可通过发电机组给空调提供动力,降低了动力电池组能耗,车辆续驶里程得以增加。

2. 增程式混合动力汽车与常规混合动力汽车

由于常规混合动力电动汽车采用复杂的机械动力混合结构，发动机和驱动电机复合驱动，电池能量很小，只起到辅助驱动和制动能量回收的作用。增程式混合动力汽车采取电池扩容的方式解决了电池驱动的续驶能力问题。虽然车辆成本略有提高，但是在正常的运行工况下，有了电能补充装置的作用，因而具有较好的续驶里程。同时在电能补充装置的作用下，电池处于良性平台充放电，保证了电池的使用寿命，减少了维护成本。

第 11 天　插电式混合动力汽车构造与原理

一、插电式混合动力汽车定义及基本组成

插电式混合动力汽车本身仍是一种混合动力汽车，区别在于其车载的动力电池组可以利用电力网（包括家用电源插座）进行补充充电。同时，与一般混合动力电动汽车相比，插电式混合动力汽车具有较大容量的动力电池组、较大功率的电机驱动系统以及较小排量的发动机。为满足纯电动行驶的需要，插电式混合动力汽车的辅助系统均为电动化的辅助系统，如电动助力转向、电动真空助力、电动空调等，而且额外增加了车载充电机。

05. 插电式混合动力汽车

二、插电式混合动力汽车构造与原理

1. 结构组成

图 2-4-1 为某一款车型的插电式混合动力系统原理结构简图，该插电式混合动力系统主要由国内先进的高度集成式机电耦合系统变速器、阿特金斯循环发动机，以及具备优异充放电性能的能量兼功率型动力电池系统组成，重点提升车辆环保、节能特性，同时兼顾强劲的动力性。

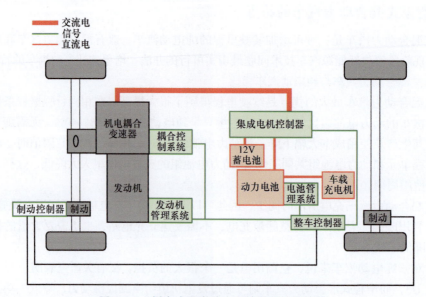

图 2-4-1　插电式混合动力系统原理结构简图

2. 工作原理

（1）纯电动工作模式（图2-4-2）

动力电池电量充足，发动机停止工作，动力电池直接提供能源给驱动电机，电机驱动车辆行驶。

（2）增程工作模式（图2-4-3）

动力电池电量低于整车控制要求，发动机起动，带动发电机给动力电池充电。

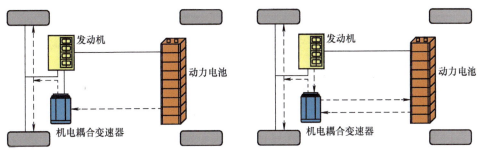

图 2-4-2　纯电动工作模式　　　　　　　图 2-4-3　增程工作模式

（3）能量回收工作模式（图2-4-4）

当车辆制动时，驱动电机回收能量，向动力电池充电，既可达到增加制动力的效果，又可获得能量回收作用。

（4）直驱工作模式（图2-4-5）

当高速匀速行驶时，离合器接合后，发动机和驱动电机共同驱动车辆行驶。

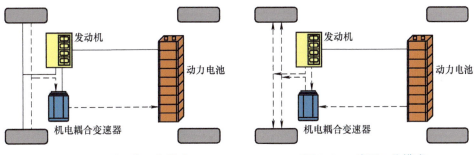

图 2-4-4　能量回收工作模式　　　　　　图 2-4-5　直驱工作模式

三、插电式混合动力汽车特点

插电式混合动力汽车可以利用外部电网对车载动力电池组充电。从这点上看，它像一辆纯电动汽车，通常优先在纯电动模式下独立行驶。因此，可利用夜间低谷电对动力电池充电，改善电厂发电机组运行效率，节约能源，减少温室气体和各种有害物的排放，降低汽车对石油燃料的依赖，减少了汽车日常的使用成本。而常规混合动力汽车一般不能外接电源充电，要依赖车载燃料的消耗来补充动力电池的电能。

插电式混合动力汽车有一定容量的动力电池，在纯电动模式下独立行驶，有一定的纯电动续驶里程，比如：几十千米。而常规混合动力电动汽车，即使是"强混"车型，动力电池容量也较小，只有起动和低速时是纯电驱动，加速和高速时发动机和驱动电机共同驱动，发动机为主要驱动力。插电式混合动力汽车驱动电机功率和转矩比较大，与纯电动汽车的驱动电机相同或略小，在纯电动模式下足以完成汽车起动、加速、爬坡等各种工况行驶。而常规混合动力汽车驱动电机功率和转矩小,在汽车加速、爬坡等工况行驶时是靠驱动电机和发动机共同完成的。

插电式混合动力汽车续驶里程长,可达 400~500km。在长途行驶状况下,优先在纯电动模式下行驶,在动力电池的荷电状态 SOC 降到一定限值时,切换到混合动力模式下行驶,发动机直接驱动汽车行驶或者带动发电机发电供电机驱动汽车,并补充动力电池电能。这使得它不太依赖充电站停车充电,特别是在目前国内充电站设施很不完备的情况下,可连续长途行驶。这是插电式混合动力汽车最突出的优点,克服了纯电动汽车受动力电池能量限制,续驶里程短的弊病。

第 12 天　燃料电池电动汽车构造与原理

一、燃料电池电动汽车定义及基本结构

燃料电池电动汽车是指由燃料电池系统作为动力源或主动力源的汽车,利用氢气等燃料和空气中的氧气在催化剂的作用下,在燃料电池中经电化学反应产生电能,并作为主要动力源来驱动汽车。

06. 燃料电池汽车

典型燃料电池电动汽车主要由燃料电池、高压储氢罐、辅助动力源、燃料电池升压器(DC/DC 变换器)、驱动电机和整车控制器等组成,如图 2-5-1 所示。

图 2-5-1　典型燃料电池电动汽车结构

1. 燃料电池

燃料电池是燃料电池电动汽车的主要动力源,它是一种不燃烧燃料而直接以电化学反应方式将燃料的化学能转变为电能的高效发电装置。燃料电池堆栈工作原理如图 2-5-2 所示。

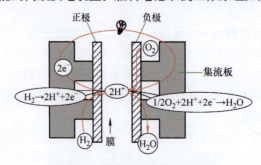

图 2-5-2　燃料电池堆栈工作原理

2. 高压储氢罐

高压储氢罐是储存气态氢的装置,用于给燃料电池供应氢气。为保证燃料电池电动汽车一次

充气有足够的续驶里程,就需要多个高压储氢罐来储存气态氢气。一般轿车需要2~4个高压储气瓶,大客车上需要5~10个高压储氢罐。

3. 辅助动力源

根据燃料电池电动汽车设计方案的不同,采用的辅助动力源也有所不同,可以用动力电池组、飞轮储能器或超大容量电容器等共同组成双电源系统。

4. 燃料电池升压器（DC/DC 变换器）

燃料电池电动汽车的燃料电池需要装置单向 DC/DC 变换器,但动力电池和超级电容器需要装置双向 DC/DC 变换器。DC/DC 变换器的主要功能有调节燃料电池的输出电压,甚至能够升压到 650V;调节整车能量分配;稳定整车直流母线电压。

5. 驱动电机

燃料电池电动汽车用的驱动电机主要有直流电机、交流电机、永磁同步电机和开关磁阻电机等。

6. 整车控制器

整车控制器是整个燃料电池电动汽车的大脑,由燃料电池管理系统、电池管理系统、驱动电机控制器等组成,除了接收来自驾驶员的需求信息（如点火开关、加速踏板、制动踏板、档位位置等）,实现整车工况控制;还基于反馈的实际工况（如车速、制动、电机转速等）以及动力系统的状况（燃料电池及动力电池的电压、电流等）,根据预先匹配好的多能量分配调节方案进行控制。

二、丰田 Mirai 燃料电池汽车

1. 基本结构

丰田 Mirai FCV 燃料电池汽车基本组成如图 2-5-3 所示。

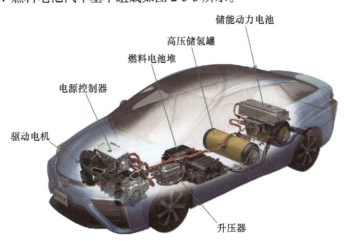

图 2-5-3　丰田 Mirai FCV 燃料电池汽车基本组成

电源控制器决定何时使用储能电池的能量或直接从燃料电池中汲取能量,内部集成 AC/DC 变换器和 DC/DC 变换器。驱动电机采用高效节能的永磁同步电机,是雷克萨斯混合动力车型中的现有电机。升压器将电压提升至 650V,为驱动电机提供高压供电。

燃料电池堆相当于一个小型的发电厂,利用储氢罐中的氢和空气中的氧之间的化学反应来发电。它向电池堆栈负极供应氢气、向正极供应氧气,产生电力。燃料电池堆包括称为单元的数百

个堆叠组件。

储能电池向驱动电机提供加速所需能量,并存储减速期间能量回收系统产生的电力。丰田 Mirai FCV 氢燃料电池汽车采用了镍氢储能电池。

高压储氢罐采用三层结构,可存储大约 70MPa 高压下的氢气作为燃料。采用三层结构的目的是提供足够的强度以提高储存性能和安全性。

2. 工作步骤

丰田 Mirai FCV 燃料电池汽车工作可分为六个步骤,如图 2-5-4 所示。

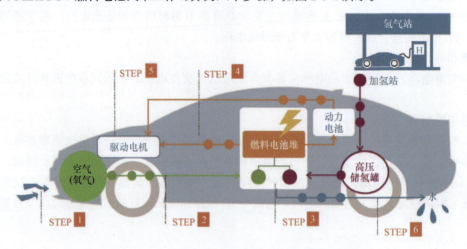

图 2-5-4 丰田 Mirai FCV 燃料电池汽车工作步骤

STEP1—吸入空气
STEP2—供应给燃料电池堆的氧气和氢气
STEP3—通过化学反应产生电力和水
STEP4—向驱动电动机供电
STEP5—驱动电动机工作,驱动车辆行驶
STEP6—车外排放的水

三、燃料电池电动汽车特点

1)绿色环保,接近零排放。燃料电池的燃料是氢气,生成物是清洁的水。
2)能量转化效率高。燃料电池的能量转换效率为 60%~80%,为内燃机的 2~3 倍。
3)续驶里程长。燃料电池电动汽车长途行驶能力及动力性已经接近传统内燃机汽车。
4)氢燃料来源广泛。可以从可再生能源获得,不依赖石油燃料。
5)燃料电池成本过高,燃料的存储和运输目前还非常困难。
6)技术复杂,发展较慢,短期内还无法替代传统汽车。
7)起动时间长,抗振能力需进一步提高。此外,在受到振动或者冲击时,各种管道的连接和密封的可靠性需要进一步提高,以防止泄漏,降低效率,避免严重事故发生。

第3章

新能源汽车动力电池及管理系统

第 13 天　电池基础知识

一、原电池

1. 基本概念

原电池是可以通过氧化还原反应而产生电流的装置，也可以说是把化学能转变成电能的装置。有的原电池可以构成可逆电池，有的原电池则不属于可逆电池。原电池放电时，负极发生氧化反应，正极发生还原反应。例如铜锌原电池，如图 3-1-1 所示，其正极是铜极，浸在硫酸溶液中；负极是锌板，浸在硫酸锌溶液中。两种电解质溶液用盐桥沟通，两极用导线相连就组成原电池。平时使用的干电池，就是根据原电池原理制成的。

07.新能源汽车动力电池与管理系统

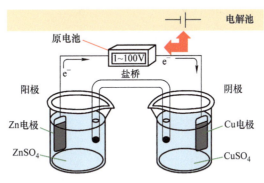

图 3-1-1　铜锌原电池组成示意图

2. 原电池的工作原理

原电池反应属于放热反应，一般是氧化还原反应，电子转移是还原剂在负极上失电子发生氧化反应，电子通过外电路输送到正极上，氧化剂在正极上得电子发生还原反应，从而完成还原剂和氧化剂之间电子的转移。两极之间溶液中离子的定向移动和外部导线中电子的定向移动构成了闭合回路，使两个电极反应不断进行，发生有序的电子转移过程，产生电流，实现化学能向电能的转化，如图 3-1-2 所示。

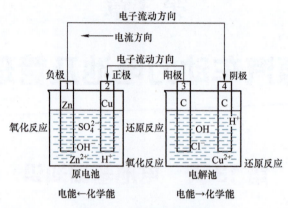

图 3-1-2 原电池工作原理

二、一次电池与二次电池

一次电池即原电池，是放电后不能再充电使其复原的电池，通常电池由正极、负极以及容器和隔膜等组成。市场上一次电池主要有锌锰干电池、碱性锌锰电池等。

二次电池又称为充电电池或蓄电池，是指在电池放电后可通过充电的方式使活性物质激活而继续使用的电池。利用化学反应的可逆性，可以组建成一个新电池，即当一个化学反应产生电能之后，还可以用电能使化学体系修复，然后再利用化学反应转化为电能，所以叫二次电池（可充电电池）。市场上的二次电池主要有：铅酸电池、镍镉电池、镍氢电池、液态锂离子电池、聚合物锂离子电池。

三、电池分类

常见电池按工作介质可分为铅酸蓄电池、镍氢电池、锂离子电池等，外观如图 3-1-3 所示。具体分类见表 3-1-1。

a) 铅酸蓄电池

b) 镍氢电池

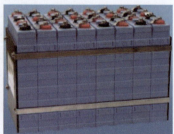
c) 锂离子电池

图 3-1-3 各类电池

表 3-1-1　电池分类

分类方法	种类	特点
按照工作介质分	锂离子蓄电池（电动汽车，如比亚迪 e2、北汽 EV200/160、宝马 i3 等）	能量密度高，自放电率低，使用寿命长，但成本高
	镍氢电池（丰田混合动力汽车，如丰田普锐斯）	安全性较好，寿命较长，但成本高
	铅酸电池（普通汽车、电动汽车低压电池，电动自行车电池）	成本低，技术成熟，单位能量和功率低，体积笨重
	超级电容器	略
按封装形式分	圆柱形电池	具有圆柱形电池外壳和连接元件（电极）的电池
	方形电池	具有长方体电池外壳和连接元件（电极）的电池
	软包电池	具有复合薄膜制成的电池外壳和连接元件（电极）的电池
按性能分类	高能量型电池（常用于纯电动汽车、中度或重度混合动力电动汽车）	以高能量密度为特点，主要用于高能量输出的动力电池
	功率型电池（主要用于轻度混合动力汽车）	以高功率密度为特点，主要用于瞬间高功率输出、输入的动力电池
	能量/功率兼顾型电池（主要用于插电式混合动力汽车）	能量/功率兼顾型电池能量密度高，同时要求电池在低荷电状态可以大功率输入，在高荷电状态时可以大功率输出

第 14 天　动力电池结构组成及参数

一、动力电池结构组成

1. 单体电池型号与规格

在电池成组时，一般把未组装的电池称为电芯，而把连接上 PCM 板、有充放等功能的成品称为电池单体。

根据 IEC 61960—2017《含碱性或其他非酸性电解液的二次电池单体和电池：便携式锂离子二次电池单体或电池》规定，电池单体命名规则如图 3-2-1 所示。

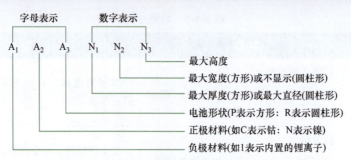

图 3-2-1 电池单体命名规则

命名为 ICR 18650 的电池,是指直径 18mm、高度 65mm 的圆柱形锂离子电池,也称为 18650 电池,如图 3-2-2a 所示。

命名为 ICP 503450 的电池,是指厚度 5mm、宽度 34mm、高度(长度)50mm 的方形电池,如图 3-2-2b 所示。

a) ICR 18650电池外观尺寸　　b) ICP 503450方形电池外观尺寸

图 3-2-2　电池外观尺寸

2. 动力电池组组合方式

将电池单体通过串联或并联构成一个电池模块,再将若干电池模块通过串联或并联组合成电池组。在电池组的基础上增加电池控制器、电量电压监控装置,然后封装成动力电池,以满足电动汽车对电压和电流的需要。

(1) 串联

n 个电池单体通过串联构成电池模块时,理论上电池模块的电压为电池单体电压的 n 倍,而模块的容量为电池单体的容量。若电池模块中电池单体的容量不一致,则电池模块的容量取决于容量最低的电池单体。电池模块的内阻理论上为电池单体的 n 倍,由于电池单体的不一致性,通常都稍大于这一数值。

(2) 并联

电池并联方式通常用于满足大电流的工作需要。m 个电池单体通过并联构成电池模块时,理论上电池模块的容量为电池单体容量的 m 倍,电池模块的电压为电池单体的电压。若电池模块中电池单体的电压不一致,则电池模块的电压取决于电压最低的电池单体。电池组的内阻理论上为电池单体的 $1/m$,但通常都大于这一数值。

(3) 串并结合

串并结合能够满足电池模块既提供高电压又要有大电流放电的工作条件。"先串后并"还是"先并后串"取决于电池的实际需求,采用串并结合的动力电池如图 3-2-3 所示。

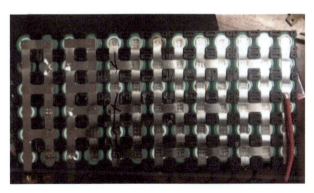

图 3-2-3 动力电池（串并结合）

二、动力电池参数

电池参数关系到整车续驶里程、加速和爬坡等主要性能。作为表征化学电池性能的参数，主要包括电压、容量、荷电状态、放电深度、能量与能量密度、功率与功率密度及循环寿命等。

1. 电压

电压分为开路电压、标称电压和放电截止（终止）电压等。

1）开路电压：在无负载情况下的端电压。
2）标称电压：由厂家指定的用以标识电池的适宜的电压近似值。
3）终止电压：放电终止时的电压值。
4）充电电压：外电路直流电压对电池充电的电压。

2. 容量

电池容量是指充满电的电池在规定条件下放电到终止电压时输出的电量，单位为 A·h。

1）理论容量：假定电池中的活性物质全部参加成流反应，根据法拉第定律计算所能释放出的电量。
2）i 小时率放电容量：在恒流放电条件下，正好用 i 小时把充满电的电池放电到终止电压时能够释放出的电量，通常用 C_i 表示。
3）额定容量：在规定条件下电池应放出的电量，并由制造厂标明的安时容量，是验收电池质量的重要技术指标。
4）实际容量：充满电的电池在一定条件下所能输出的电量。它等于放电电流和放电时间的乘积。
5）剩余容量：经过使用后，在指定的放电率和温度状态下可以从电池中放出的电量。
6）最大可用容量：电池在当前温度和老化条件下，从充满电至放电终止条件所能够释放的最大容量。

3. 荷电状态

电池荷电状态（State of Charge，SOC）是电池剩余容量占额定容量的百分比，是电池使用过程中的重要参数。

4. 放电深度

放电深度（Depth of Discharge，DOD）是表示蓄电池放电状态的参数，等于电池已经放出的电量与额定容量的百分比。

5. 能量与能量密度

电池能量是指在一定的放电条件下，电池对外做功所能输出的电能。用 W 表示，单位为瓦时（W·h）。

电池的能量密度有质量能量密度和体积能量密度之分。质量能量密度是指电池单位质量所能输出的电能，单位为瓦时每千克（W·h/kg）。体积能量密度是指电池单位体积所能输出的电能，单位为瓦时每升（W·h/L）。

6. 功率与功率密度

在一定放电制度下，单位时间内电池输出的能量，称为电池的功率，单位为瓦（W）或千瓦（kW）。

单位质量电池输出的功率，称为质量功率密度，单位为 W/kg。单位体积电池输出的功率，称为体积功率密度，单位为 W/L。功率密度的大小表征电池所承受的工作电流的大小，是体现电池性能的一项重要指标。

7. 循环寿命

电池的循环寿命（Cycle Life）是指以电池充电一次和放电一次为一个循环，按一定的测试标准，当电池容量降到某一规定值（我国标准规定为额定值的 80%）以前，电池在深度放电、常温条件下，经历的充放电循环的总次数。

8. 内阻

电流通过动力电池内部时受到电阻作用，使动力电池的工作电压降低，该电阻称为动力电池内阻。动力电池内阻不是常数，在放电过程中随着活性物质组成、电解液浓度和动力电池温度的变化，以及放电时间而变化。目前检查内阻的方法主要有直流放电内阻检测法和交流降压内阻检测法。

9. 不一致性

不一致性是指同一规格、同一型号电池在电压、内阻、容量、充电接受能力、循环寿命等参数方面存在的差别。由于不一致性的影响，动力电池组在电动汽车上的使用性能指标往往达不到单体电池原有水平，使用寿命可能缩短数倍甚至十几倍，严重影响电动汽车的性能和应用。

10. 抗滥用能力

抗滥用能力（Abuse Tolerance）是指电池对短路、过充电、过放电、机械振动、撞击、挤压以及遭受高温和着火等非正常使用情况的容忍程度。

第 15 天　镍氢动力电池

一、镍氢电池结构组成与工作原理

镍氢电池属于碱性电池，是 20 世纪 90 年代发展起来的一种新型绿色电池。镍氢电池的主要组件包括正极板、负极板、隔膜（隔板）、绝缘环、密封圈、极耳、盖帽和钢壳等，镍氢电池单体外观有圆柱形和方形两种结构，如图 3-3-1 所示。

镍氢电池正极活性物质为氢氧化镍（电极称氧化镍电极），负极活性物质为金属氢化物，也称储氢合金（电极称储氢电极），电解液是以氢氧化钾为主，并加入少量氢氧化钠、氢氧化锂组成的水溶液。在金属铂的催化作用下，完成充电和放电可逆反应。

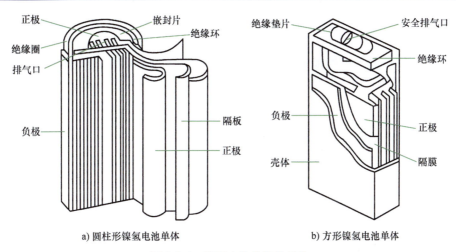

a) 圆柱形镍氢电池单体　　　　b) 方形镍氢电池单体

图 3-3-1　镍氢电池单体的结构

1. 充电过程

如图 3-3-2 所示，充电时，正极活性物质中的 H^+ 首先扩散到正极/溶液界面与溶液中的 OH^- 反应生成 H_2O，然后溶液中游离的 H^+ 通过电解质扩散到负极/溶液界面发生电化学反应生成氢原子，并进一步扩散到负极储氢合金中与之形成金属氢化物。即正极发生 $Ni(OH)_2$-$Ni(OOH)$ 转变，负极则发生水分解反应，合金表面吸附氢，生成氢化物。

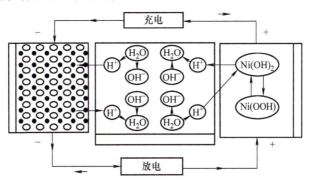

图 3-3-2　镍氢动力电池工作原理

2. 放电过程

放电是充电的逆反应，即正极发生 $Ni(OOH)$-$Ni(OH)_2$，负极储氢合金脱氢，在表面生成水。镍氢电池充放电过程可以看成是氢原子或质子从一个电极移向另一个电极的往复过程。过放电时，正极上可被还原的 $Ni(OOH)$ 已经被消耗完，这时 H_2O 在镍电极上被还原。过充电时，正极发生反应析出氧气，氧气通过多孔隔膜到达负极表面。由于负极板数量多于正极板，因此在充电过程中不会因负极不能吸收氢而使氢气析出，氧气与金属氢化物发生氧化还原反应。

二、镍氢电池的充放电特性及寿命

1. 放电特性

松下公司生产的混合动力汽车用 D 型镍氢电池（6 个电池单体组件）放电时，2C 的功率输出时的质量比功率可达到 600W/kg 以上，3C 的功率输出时的质量比功率可达到 500W/kg 以上，深度范围内质量比功率的变化比较平稳，对混合动力汽车的动力性能的控制十分有利，电池的寿命可以达到100000km以上。

2. 充电特性

D型镍氢电池的充电接受性很好,充电效率几乎达到100%,能够有效地接受混合动力汽车在制动时反馈电能。另外,由于能量损耗较小,镍氢电池的发热量被抑制在最小范围内,可以有效地控制剩余电量,并用电流来显示电池的剩余电量。

3. 寿命

混合动力汽车动力电池组经常处于充电、放电状态,而且充电、放电是不规则地进行的,这对电池的寿命带来严重的影响。混合动力汽车各种行驶工况下镍氢电池的特性几乎不发生变化,因此镍氢电池用于混合动力汽车是比较合适的。

三、镍氢电池的优点

镍氢电池具有无污染、高比能、大功率快速充放电、耐用等许多优点。与铅酸蓄电池相比,镍氢电池具有比能量高、质量轻、体积小、循环寿命长的特点,具体表现如下:

1)比功率高。目前商业化的镍氢功率型电池能做到1350W/kg。

2)循环次数多。目前应用在电动汽车上的镍氢电池,80%放电深度(DOD)循环寿命可以达1000次以上,为铅酸蓄电池的3倍以上;100%放电深度(DOD)循环寿命也在500次以上,在混合动力汽车中可使用5年以上。

3)无污染。镍氢电池不含铅、镉等对人体有害的金属元素。

4)耐过充电、过放电,无记忆效应。

5)使用温度范围宽。正常使用温度范围-30~55℃,储存温度范围-40~70℃。

6)安全可靠。已通过短路、挤压、针刺、安全阀工作能力、跌落、加热、耐振动等安全及可靠性试验,无爆炸燃烧现象。

第16天 锂离子动力电池

一、锂离子电池结构原理及特点

1. 锂离子电池基本结构组成

锂离子电池出现在20世纪90年代初,在短短十几年时间里得到了空前的发展,被认为是未来极具发展潜力的动力电池。锂离子电池根据正极材料的不同可分为不同类型。电动汽车用锂离子电池主要分为钴酸锂电池、锰酸锂电池、磷酸铁锂电池和镍钴锰酸锂电池(三元锂电池)。

锂离子电池由正极、负极、隔板、电解液和安全阀等组成。电池单体外观一般有方形和圆柱形两种结构,锂离子电池单体结构如图3-4-1所示。

(1)正、负极、电解液

正极在放电时发生还原反应,采用锂化合物 $LiCoO_2$(钴酸锂)、$LiMnO_4$(锰酸锂)、$LiFePO_4$(磷酸铁锂)、$Li(NiCoMn)O_2$(镍钴锰酸锂)三元材料等。负极在放电时发生氧化反应,应用较多的负极材料是锂碳化合物。电解液电解质是含锂盐的有机溶液,为离子运动提供运输介质,形态有液体、胶体和固体。

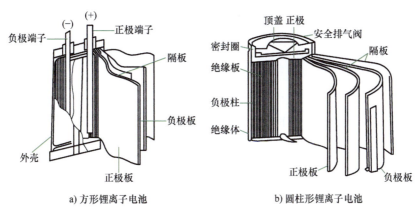

a) 方形锂离子电池　　　b) 圆柱形锂离子电池

图 3-4-1　锂离子电池的单体结构

（2）隔板

隔板的功能是关闭或阻断通道的作用，一般使用聚乙烯或聚丙烯材料的微多孔膜。关闭或阻断功能是指电池出现异常温度上升时，阻塞或阻断作为离子通道的细孔，使电池停止充放电反应。隔板可以有效防止因外部短路等引起的过大电流使锂离子电池产生异常发热现象。这种现象只要产生一次，电池就不能正常使用了。

（3）安全阀

为了保证锂离子电池的使用安全性，一般通过对外部电路的控制或者在电池内部设有异常电流的切断安全装置。即使这样，在使用过程中也有可能有其他原因引起电池内压力异常上升，这时，安全阀释放气体，以防止电池破裂。安全阀实际上是一次性非修复式的破裂膜，用以保护电池使其停止工作，是电池的最后保护手段。锂离子电池安全阀结构如图 3-4-2 所示。

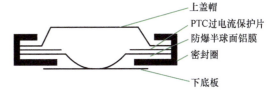

图 3-4-2　锂离子电池安全阀结构

2. 工作原理

锂离子电池使用锂碳化合物（Li_xC）作负极，锂化过渡金属氧化物（$Li_{1-x}M_yO_z$）作正极，液体有机溶液或固体聚合物作电解液。在充放电过程中，锂离子在电池正极和负极间往返流动。

电化学反应方程为：

$$Li_xC + Li_{1-x}M_yO_z \longleftrightarrow C + LiM_yO_z$$

放电时，负极上释放锂离子，通过电解液流向正电极并被吸收。充电时，反应过程相反，如图 3-4-3 所示。整个充放电过程中，锂离子往返于正、负极之间。

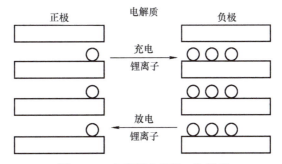

图 3-4-3　锂离子电池的工作原理

由于锂离子电池只涉及锂离子而不涉及金属锂的充放电过程，从根本上解决了由于锂金属的产生而带来的电池循环性和安全性的问题。

3. 特点

（1）优点

1）工作电压高。锂离子电池工作电压为 3.6V，是镍氢电池和镍镉电池工作电压的 3 倍。

2）比能量高。锂离子电池的比能量已达到 250W·h/kg，镍氢电池的 1.5 倍。固态锂离子电池更是有望突破 500W·h/kg。

3）循环寿命长。目前锂离子电池循环寿命已超过 3000 次，在低放电深度下可达几万次，超过了多种二次电池。

4）自放电率低。锂离子电池月自放电率仅为 6%~8%，远低于镍氢电池（15%~20%）。

5）无记忆性。可以根据要求随时充电，而不会降低电池的性能。

6）对环境无污染。锂离子电池中不存在有害物质，是名副其实的"绿色电池"。

7）能够制造成任意形状。

（2）不足

1）成本高。主要是正极材料 $LiCoO_2$ 的价格高，但按单位瓦时的价格来计算，已经低于镍氢电池，但高于铅酸蓄电池。

2）必须有特殊的保护电路，以防止过充电。

二、磷酸铁锂电池

1. 结构与工作原理

磷酸铁锂电池的内部结构如图 3-4-4 所示。右边是橄榄石结构的磷酸铁锂（$LiFePO_4$）作为电池的正极，由铝箔与电池正极连接，中间是聚合物的隔膜，它把正极与负极隔开，但锂离子 Li^+ 可以通过而电子 e^- 不能通过；左边是由碳（石墨）组成的电池负极，由铜箔与电池的负极连接。电池的上下端之间是电池的电解质，电池由金属外壳密闭封装。

2. 主要性能

磷酸铁锂电池的标称电压是 3.2V，终止充电电压是 3.6V，终止放电压是 2.0V，由于不同生产厂家采用的正、负极材料及电解质材料的质量及工艺不同，其性能上会有些差异。例如，同一种型号（同一种封装）的标准电池，电池的容量却有较大差别（10%~20%）。

磷酸铁锂动力电池的容量差别较大，可以划分成 3 类：①小型电池的容量为零点几到几毫安；②中型的几十毫安；③大型的几百毫安。不同类型电池的同类参数会存在一些差异。目前应用较广的小型标准圆柱形封装的磷酸铁锂动力电池（型号：18650），其参数性能见表 3-4-1。

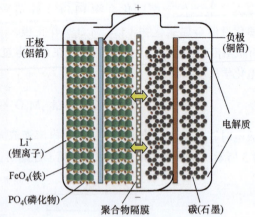

图 3-4-4 磷酸铁锂电池的内部结构

表 3-4-1 小型标准圆柱形封装的磷酸铁锂动力电池的参数

性能参数	参数值	性能参数	参数值
典型容量 /A·h	1.5, 2	一般充电电流 /C	0.2 ~ 0.5
标称电压 /V	3.2	最大放电电流 /C	5 ~ 10
终止充电电压 /V	3.6 ± 0.05	一般放电电流 /C	0.5 ~ 1
终止放电电压 /V	2.0	工作温度范围 /℃	充电：0 ~ 45
内阻 /mΩ	30 ~ 80		放电：-20 ~ 60
最大充电电流 /C	1 ~ 1.5		

3. 特点

磷酸铁锂电池的特点如下：

1）高效率输出：标准放电为 2 ~ 5C，连续高电流放电可达 10C，瞬间脉冲放电（10s）可达 20C。

2）高温时性能良好：外部温度为 65℃时，内部温度则高达 95℃，电池放电结束时温度可达 160℃，电池的结构安全、完好。

3）即使电池内部或外部受到伤害，电池也不会燃烧或爆炸，安全性最好。

4）循环寿命极好，经 500 次循环，放电容量仍大于 95%。

5）过放电到 0V 也不会损坏。

6）可快速充电。

7）低温性能较差：试验表明：一块容量为 3500mA·h 的电池，如果在 -10℃的环境中工作，经过不到 100 次的充放电循环，电量将急剧衰减至 500mA·h。

三、三元锂电池

三元锂电池，其正极使用镍钴锰酸锂 [Li（NiCoMn）O_2] 三元材料，但的钴材料是一种贵金属，价格波动大，对钴酸锂的价格影响较大。由于性能更加优异的磷酸铁锂的技术的不断开发，三元材料大多被认为是磷酸铁锂未大规模生产前的过渡材料。镍钴锰酸锂电池的特点如下。

（1）优点

1）镍钴锰酸锂材料比容量高，可以达到 145mA·h 以上，型号 18650 电池的容量可达 3A·h 以上。

2）电池循环性能好，4C 放电循环可以达到 800 次以上。

3）高低温性能优越，极片压实密度高，可以达到 3.4g/cm³ 以上。

（2）缺点

1）电压平台低，1C 放电中值电压为 3.66V 左右，4C 放电平台在 3.6V 左右。

2）电池安全性能相对差一点，三元锂材料具有容易热解的特性，因此在应用过程中应加强过充电保护（OVP）、过放电保护（UVP）、过温保护（OTP）和过电流保护（OCP）等。

3）成本较高。

第 17 天 　常见电动汽车动力电池配置

一、北汽电动汽车

北汽 EV200 电动汽车采用三元锂离子动力电池，动力电池安装在车辆底部。动力电池总容量 91.5A·h，总电量 30.4kW·h，电压范围 270～377V，标称电压 332V，能量密度 104.1W·h/kg，电池系统循环寿命≥3000。

北汽 EV200 动力电池由三个三元锂离子电芯并联，组成一个电池单体。3 个锂离子电芯的 3 个正极极耳用激光焊接连在一起，3 个负极极耳也用激光焊接连在一起，外部加上封框、保护板、螺栓，组成一个电池单体。几个电池单体再次串联组成电池模块。电池模块有两种，一种是由两个电池单体串联组成，另一种由三个电池单体串联组成。91 个电池模块在动力电池框内使用高压母线串联组成动力电池。动力电池组成示意图如图 3-5-1 所示，动力电池外观如图 3-5-2 所示。

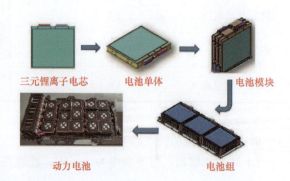

图 3-5-1　北汽 EV200 动力电池组成示意图

图 3-5-2　北汽 EV200 动力电池外观图

北汽 EV150 动力电池同样安装在车辆底部。该车型采用磷酸铁锂动力电池，标称电压 320V，总容量 80A·h，总电量 25.6kW·h。

北汽 EU260 出租车款和长续驶款动力电池都采用三元锂离子动力电池。长续驶款动力电池由 3 个标称电压 3.65V 的三元锂离子电芯并联为一个电池单体，90 个电池单体串联得到标称电压 330V 的动力电池。动力电池标称电量 41.6kW·h，标称容量 126A·h，能量密度 113W·h/kg。

二、吉利电动汽车

1. 吉利帝豪 EV300/EV450/帝豪 GSe

吉利帝豪 EV300 采用的三元锂离子动力电池由宁德时代生产。动力电池内部共有 17 个模组，其中单体电池 1 并 5 串模组 7 个；1 并 6 串模组共 10 个，电池控制器位于动力电池的中间位置。动力电池共 95 个模组，额定电压 346V，额定功率 50kW（EV300/EV450）/55kW（帝豪 GSe），电池容量 126A·h（EV300）/150（EV450、帝豪 GSe），能量密度 110W·h/kg（EV300）/142W·h/

kg（EV450）。吉利帝豪 EV300 动力电池外观如图 3-5-3 所示，安装位置如图 3-5-4 所示。

图 3-5-3　吉利帝豪 EV300 动力电池外观

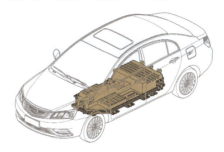

图 3-5-4　吉利帝豪 EV300 动力电池安装位置

2. 吉利帝豪 PHEV

吉利帝豪 PHEV 插电式混合动力车型也采用三元锂离子动力电池。因插电混动车辆技术特点，其动力电池与纯电动汽车相比额定容量和电量较低。动力电池安装在车辆底部车内前后排座椅之间的位置，如图 3-5-5 所示。动力电池额定电压 308V，额定容量 37A·h，总电量 11.4kW·h。

三、比亚迪电动汽车

1. 比亚迪 e2

比亚迪 e2（405km 续驶里程）的动力电池（如图 3-5-6 所示）是三元锂离子电池，系统由 7 个动力电池模组、4 个动力电池信息采集器、动力电池串联线、动力电池托盘、动力电池包密封罩、动力电池采样线等组成。7 个动力电池模组中有 6 个模组有 14 节单体，一个模组有 12 节单体，总共 96 节串联而成。额定总电压为 350.4V，总电量为 47kW·h。动力电池包—内部高压连接（405km 续驶里程）如图 3-5-7 所示。

图 3-5-5　吉利帝豪 PHEV 动力电池安装位置

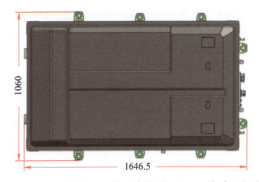

图 3-5-6　比亚迪 e2 动力电池（405km 续驶里程）

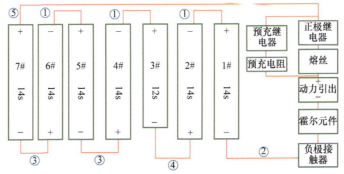

图 3-5-7　比亚迪 e2 动力电池包—内部高压连接（405km 续驶里程）

动力电池包 - 基本性能（405km 续驶里程）见表 3-5-1。

表 3-5-1　比亚迪 e2 动力电池包 - 基本性能

指标	规格
标准容量	≥ 135A·h
额定电压	350.4V
充电截止电压	4.2V
放电截止电压	2.5V
标准充电功率/电流	40kW/119A
	7kW/20.8A（车载充电器）
峰值功率（≥ 20℃）	≥ 274kW，15s
持续放电功率	≥ 243kW
充电温度	−20 ~ +65℃
放电温度	−30 ~ +65℃
电池包重量	（300 ± 9）kg

2. 比亚迪秦 DM 双模插电式混动汽车

比亚迪秦 DM 采用磷酸铁锂动力电池，由 10 个动力电池模组、10 个动力电池信息采集器、动力电池串联线、动力电池支架、动力动力电池密封罩、动力电池采样线等组成。10 个动力电池模组中各有 12~18 个数量不等的电池单体，总共 152 节串联而成，额定电压 486.4V，总电量 10kW·h。动力电池模组连接方式及总成安装位置分别如图 3-5-8 和图 3-5-9 所示。

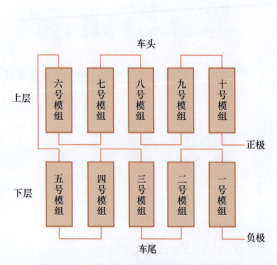

图 3-5-8　动力电池模组连接方式示意图

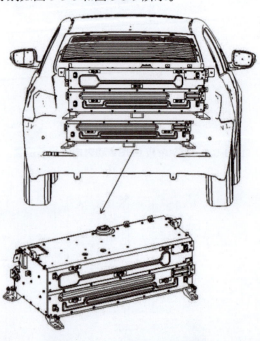

图 3-5-9　动力电池安装位置图

四、丰田混合动力汽车

1. 普锐斯

普锐斯混合动力车型动力电池采用镍氢电池作为电芯，6个电压为1.2V的镍氢电池组成一个单体电池。动力电池共有28个单体电池串联而成，额定电压201.6V，主熔丝125A，动力电池采用风冷冷却。动力电池安装在行李舱内，后排座椅后方，如图3-5-10所示，动力电池组结构如图3-5-11所示。

图 3-5-10　普锐斯动力电池安装位置

图 3-5-11　普锐斯动力电池结构

动力电池在充放电过程中会产生热量，为了保证动力电池的工作性能，专门为动力电池设计了一套风冷冷却系统。冷却系统的风扇采用高功率无刷电机，并优化了内部结构，降低了运转时的噪声。动力电池冷却系统示意图如图 3-5-12 所示。

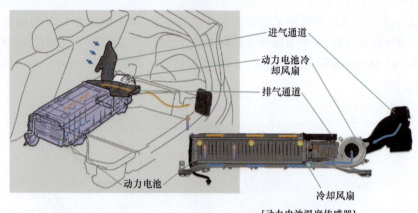

图 3-5-12　动力电池冷却系统示意图

2. 凯美瑞混合动力

凯美瑞混动车型动力电池安装在后排座椅后行李舱内,主要由动力电池、接线盒、动力电池电压传感器、DC/DC 变换器和维修塞把手(手动维修开关)等组成。凯美瑞混动车型动力电池安装位置如图 3-5-13 所示。

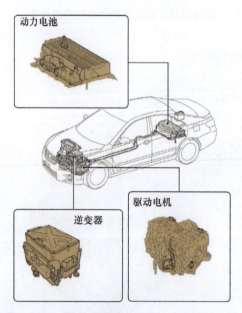

图 3-5-13　凯美瑞混动车型动力电池安装位置

动力电池使用镍氢电池电芯,6 个 1.2V 的镍氢电池电芯串联组成一个单体电池,动力电池共有 34 个单体电池组成,并通过母线将这些单体电池串联在一起。动力电池共有 204 个 1.2V 的镍氢电池电芯,标称电压为 224.8V(1.2V×204 个电芯)。动力电池连接示意图如图 3-5-14 所示。

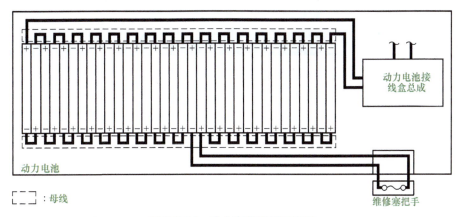

图 3-5-14 动力电池连接示意图

维修塞把手（手动维修开关），安装在行李舱右侧。维修塞把手（手动维修开关）内装有高压电路的熔丝和互锁的舌簧开关。维修塞把手（手动维修开关）断开操作如图 3-5-15 所示。首先沿箭头 1 方向拉起卡子，再沿箭头 2 方向搬动卡子，最后沿箭头 3 方向拉出卡子。

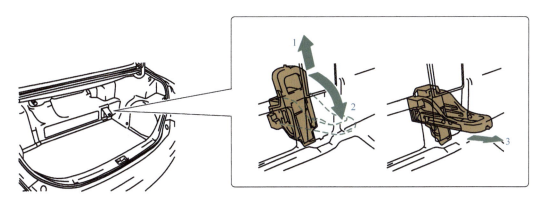

图 3-5-15 维修塞把手（手动维修开关）的断开操作

在进行任何检查或维修前，应首先拆下维修塞把手（手动维修开关），使高压电路在动力电池的中间位置切断，以确保维修期间的安全。

3. 丰田雷凌/卡罗拉混动

丰田雷凌/卡罗拉双擎混动车型动力电池同样采用镍氢电池电芯，6 个镍氢电池电芯组成一个单体电池，动力电池共 28 个单体电池组成，总计 168 个镍氢电池电芯，标称电压 201.6V（$1.2V \times 168$ 个电芯）。动力电池内部连接示意图如图 3-5-14 所示。动力电池与维修塞把手（手动维修工具）安装位置如图 3-5-13 所示。

五、宝马电动汽车

1. 宝马 F15 PHEV

下面先介绍宝马车系新能源车型（包含混合动力车型）动力电池的发展，截至目前宝马新能源车型动力电池已经发展到了第三代，具体见表 3-5-2 所示。

表 3-5-2 宝马新能源车型动力电池

技术数据	第一代	第 1.5 代	第二代	第三代		
应用车型	E71	F04	F01/F02H，F10H，F30H	F18 PHEV（仅中国）	F15 PHEV	F49 PHEV
制造商	Bosch	TEMIC	BWM	Bosch	BWM	CATL
技术	镍氢	锂离子	锂离子	三元锂离子	三元锂离子	三元锂离子
电芯数量 /个	260	35	96	96	96	154
电芯单体电压 /V	1.2	3.36	3.3	3.78	3.7	3.6
电芯单体电量 /A·h	7.7	6.5	4	40	26	26.5
额定电压 /V	312	126	317	363	355	277.2
电压范围 /V	234~422	—	—	269~395	269~399	216~316
可用存储能量 /(kW·h)	2.4	0.8	1.35	14.5	9.2	14.7
可用能量 /(kW·h)	1.4	0.4	0.6	12	6.8	10.7
最大功率 /kW	57（短时）	19	43	90（短时）36（持续）	83（短时）43（持续）	84（短时）33（持续）
重量 /kg	83	28	46	218	105	169

宝马 F15 PHEV 动力电池安装在行李舱内翻板下（如图 3-5-16 所示），被行李舱地板盖住，必须拆下行李舱地板和杂物槽才能看到。

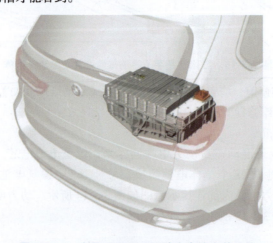

图 3-5-16 宝马 F15 PHEV 动力电池安装位置

动力电池单元除了高压接口以外还有一个 12V 车载网络接口。通过该接口为集成在动力电池内部的控制单元提供电压、总线信号、传感器和监控信号。

动力电池壳体通过三个螺栓固定在行李舱地板上，壳体与接地之间的低压电阻连接是确保自动绝缘监控功能正常运行的前提，因此应注意所有安装螺栓是否安装正常。

动力电池上带有一个两芯高压接口,动力电池通过这个接口与高压车载网络连接,如图3-5-17所示。

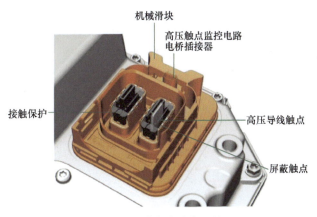

图 3-5-17 动力电池高压接口

高压接口上的机械滑块用于机械锁止插口,还具有安全保护功能。未连接高压导线时,机械滑块盖住高压触点监控电桥的接口。只有按规定连接了高压导线且插头已卡止时,才能接触到该接口并插上电桥,这样可以确保只有连接了高压导线时,高压触点监控电路才会闭合。因此只有连接所有高压导线后,高压系统才会启用,这样可以防止误接触带高压电的组件。

高压安全插头(其他车型称之为手动维修开关),因不是动力电池直接组成部分,所以在宝马F15 PHEV车型上高压安全插头的颜色由橙色变成了绿色。高压安全插头作为独立部件安装在行李舱内右后侧。如图3-5-18所示。

图 3-5-18 高压安全插头(手动维修开关)安装位置

与其他车型手动维修开关功能相同,宝马F15 PHEV中的高压安全插头也起到断开高压系统供电输出的作用。高压安全插头的插头和插孔无法彼此完全分开,两个部分机械地连接在一起。断开高压电操作时,只需要将插头和插孔拉开至能够使用挂锁固定住以防止重新接通的程度,就可以断开高压触点监控电路,一旦高压触点监控装置从高压安全插头上分离,便断开接触器从而断开高压电输出。

2. 宝马 F18 PHEV

宝马F18 PHEV动力电池由苏州Bosch公司制造,动力电池的单体电池由Samsung公司生产。单体电池为三元锂离子电池,每个单体电池电压为3.78V,容量40A·h。动力电池共有96个单体电池串联而成,额定电压363V,采用液冷方式冷却。

宝马F18 PHEV动力电池安装在行李舱后排座椅后面(如图3-5-19所示),由一块饰板遮盖,需要接触动力电池单元上的接口时,必须拆下后排座椅靠背。

在动力电池上除了高压接口,还有一个信号接口。通过这个接口给集成在动力电池内部的控制单元提供总线、传感器和监控信号。

动力电池借助四个支架与车身相连,并通过固定螺栓实现电位平衡。动力电池和固定螺栓(电桥平衡螺栓,如图 3-5-19 所示)之间的低电阻连接是自动绝缘监控功能正常运行的关键前提条件,因此必须确保动力电池壳体和车身相应的螺栓孔上没有油漆、腐蚀或污染。

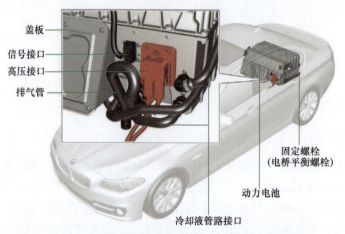

图 3-5-19　宝马 F18 PHEV 动力电池安装位置

宝马 F18 PHEV 高压安全插头(手动维修开关)不是动力电池的组成部分,位于行李舱中右侧的一块盖板下。

3. 宝马 i3 电动汽车

宝马 i3 电动汽车(增程款)动力电池采用三元锂离子电芯组成单体电池,再由 12 个单体电池组成一个电池模组,动力电池一共 8 个电池模组。每个单体电池的电压均为 3.75V,容量 60A·h,12 个单体电池组成一个电压为 45V 的电池模组,单体电池和电池模组如图 3-5-20 所示。

图 3-5-20　单体电池和电池模组

8 个电池模组串联并与电池管理系统一起组成高压动力电池总成。动力电池总成额定电压 360V,电压分为 259~396V,可存储能量 21.6kW·h,可用能量 18.8 kW·h。动力电池组与动力电池内部连接示意图分别如图 3-5-21、图 3-5-22 所示。

图 3-5-21 宝马 i3 动力电池组

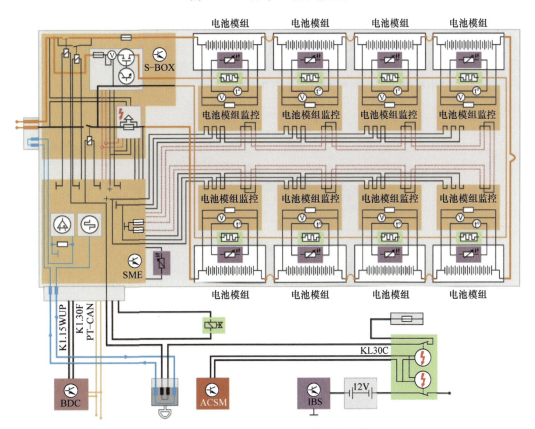

图 3-5-22 宝马 i3 动力电池内部连接示意图

4. 宝马 i8

宝马 i8 超级混合动力跑车动力电池安装在底盘中部，如图 3-5-23 所示。

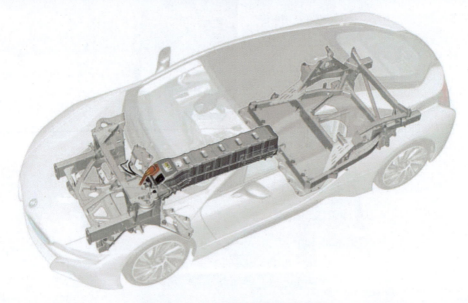

图 3-5-23　宝马 i8 超级混合动力跑车

宝马 i8 动力电池采用三元锂离子电芯，将电芯组装成单体电池，再封装成电池模组，最后将电池模组串联组装成动力电池。动力电池有 6 个电池模组组成，每个电池模组都分配了两个电池监控电子装置（电池监控电子装置 - 或 + 表示电池监控电子装置安装在电池模组的正极侧或负极侧）。电池模组自身由 16 个串联的单体电池组成。每个单体电池的额定电压为 3.7V，额定容量 20A·h。动力电池中模组及其他部件的安装如图 3-5-24 所示。

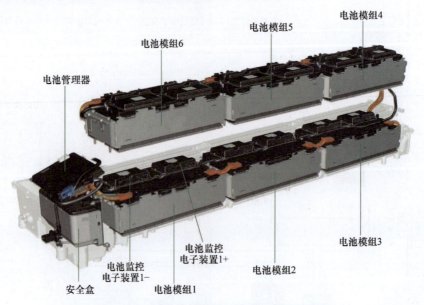

图 3-5-24　动力电池中模组及其他部件的安装

图 3-5-24 中的安全盒内集成了动力电池负极电流传感器、正极电路中的熔丝、两个电机械式接触器等组件，它们起到对动力电池的电流监控、电路保护等功能。

宝马 i8 高压安全插头（手动维修开关）安装在发动机舱盖下方，低压蓄电池旁边，如图 3-5-25 所示。它的作用与断开方式参见宝马 F15 PHEV 车型的相关说明。

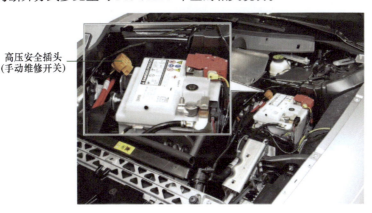

图 3-5-25　宝马 i8 高压安全插头安装位置

六、广汽电动汽车

1. 广汽丰田 ix4

广汽丰田 ix4 采用三元锂离子动力电池，标称电压为 328V，总电量为 45.99kW·h，采用 2 并 90 串的组合方式。该电池具有高安全性、高比能量、高集成度的特点，具备液冷及加热功能，满足整车 -30~45℃ 使用环境及各种恶劣工况；具备高功率、长寿命，可以提供高达 140kW 的峰值功率，以及 15 万 km 里程的寿命保障；能实现快速充电，30min 充电 80%，60min 充电 100%。广汽丰田 ix4 动力电池安装位置如图 3-5-26 所示。

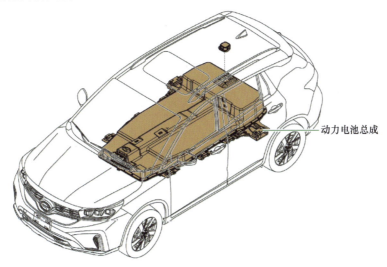

图 3-5-26　广汽丰田 ix4 动力电池安装位置

2. 广汽传祺 GA3S PHEV

广汽传祺 GA3S PHEV 插电式混动汽车动力电池布置在后排座椅下面的底盘上，如图 3-5-27 所示。由 8 颗螺栓固定，手动维修开关安装在右后座椅下，需要拆卸右后排座椅才能够进行拆装操作。

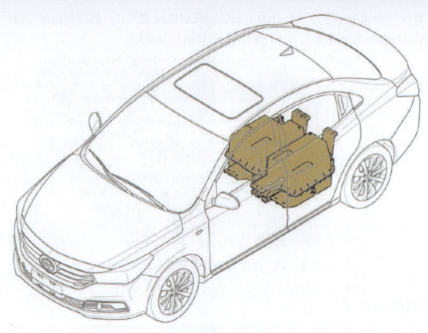

图 3-5-27　广汽传祺 GA3S PHEV 动力电池安装位置

动力电池系统冷却方式为液冷，由 88 个三元锂离子电芯组装成 8 个模组，8 个模组再通过导线、继电器、充电熔断器、电流分流器等串联在一起。动力电池标称电压为 321V，正常电压范围为 250~369V，瞬时最大放电功率为 110kW。动力电池整体构成如图 3-5-28 所示。

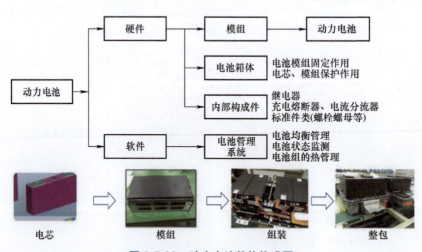

图 3-5-28　动力电池整体构成图

由于低温环境会对电池性能产生一定的影响，若车辆需长时间停放在 0℃以下低温室外，建议连接充电枪对车辆进行充电，电池温控系统会自动对电池进行保温。否则车辆起动后，整车动力性能会有所下降，需待电池温控系统工作一段时间后，车辆动力性能才能恢复至正常水平。为保持整车性能，在特定寒冷环境下使用暖风功能时，SOC 值较高的情况下，发动机会提前起动。

第 18 天　动力电池管理系统

一、动力电池管理系统基本功能

动力电池管理系统（BMS，图 3-6-1）也称动力电池控制器，是整车能源管理系统的一个子系统，它的主要功用是保护动力电池，合理地使用并管理动力电池组的电能，为驾驶人提供并显示动力电池组的动态变化参数等。它是电动汽车节能、减排和延长续驶里程的重要管理组件。动力电池管理系统与整车控制系统的关系如图 3-6-2 所示。

图 3-6-1　动力电池管理系统

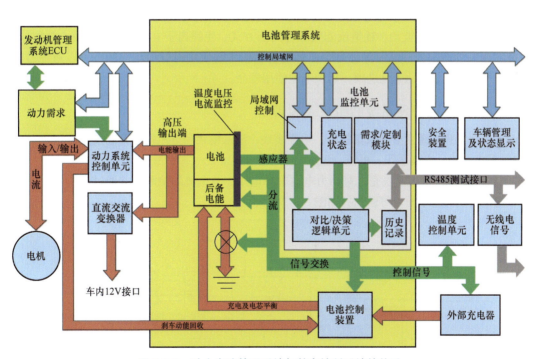

图 3-6-2　动力电池管理系统与整车控制系统的关系

动力电池管理系统（BMS）应具有以下功能。

1. 数据采集

在 BMS 中，数据采集是对动力电池做出合理有效管理和控制的基础。由于电压、电流、温度的动态变化特征，采样频率一般应不低于每秒 1 次。锂离子电池对安全性要求高，监测参数包括总电压、总电流、单体电池电压检测（防止出现过充放电）、温度检测（电池、关键电缆接头等设置温度传感器）、烟雾探测（监测电解液是否泄漏）、绝缘检测（监测是否漏电）、碰撞检测等。

2. 电池状态估计

包括荷电状态（SOC）或放电深度（DOD）、健康状态（SOH）、峰值功率状态（SOP）、安全状态（SOS）等。其中，SOC 是电池最基础的状态。

3. 故障诊断

故障诊断包括故障检测、故障类型判断、故障定位、故障信息输出等。故障检测是指通过采集的传感器信号，采用诊断算法诊断故障类型，并进行预警。电池故障是指动力电池组、高压回路、热管理系统等各个子系统的传感器故障等。动力电池组本身故障是指过电压（过充电）、欠电压（过放电）、过电流、超高温、内短路故障、接头松动、电解液泄漏、绝缘能力降低等。

4. 电池安全控制与报警

BMS 诊断到故障后，通过网络通知整车控制器、电机控制器，并要求整车控制器进行有效处理（故障相关参数超过一定值时，BMS 可以切断主回路电源），以防止高温、低温、过充放电、过电流、漏电等造成电池和人身的损害。

5. 充电控制

BMS 中有一个充电管理模块，它能够根据动力电池的特性、温度高低以及充电机的功率等级，控制充电机给动力电池进行安全充电。

6. 电池均衡

电池不一致性的存在使得电池组的容量小于电池组中最小单体的容量。电池均衡是根据单体电池信息，采用主动或被动、耗散或非耗散等均衡方式，使锂离子电池单体电压或电池组偏差电压保持在预期的范围内，从而保证每个单体电池在正常的使用时保持相同状态，以避免过电充、过电放的发生，减缓电池老化进度，延长电池使用寿命。

二、动力电池管理系统的组成及原理

动力电池管理系统主要由采集模块、主控模块、显示模块和电池均衡控制模块等组成。

1）采集模块：采集电压、电流、温度。

2）主控模块：主控模块完成对动力电池组总电压、总电流的检测，并通过 CAN 总线与采集模块、均衡模块、显示模块等通信，如图 3-6-3 所示。

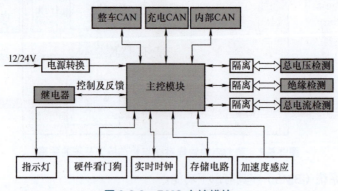

图 3-6-3　BMS 主控模块

3）显示模块：用于电池组的状态以及 SOC 等各种参数的显示、操作等，并可保存相关数据。

4）电池均衡控制模块：当电池单体电压不一致偏差超过规定值时，在充电电流小于一定值后，可对电池进行均衡，见图 3-6-4。

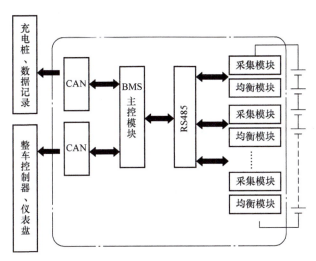

图 3-6-4　电池均衡控制模块

动力电池管理系统包括动力电池管理系统控制单元 MCU、动力电池单体电压和温度信号采集模块（BMU 模块）、总电流及总电压信号采集模块（UI 模块）、整车通信模块、高压电安全系统（高压接触器、熔断器）及电流均衡模块、热管理系统和检测单元（电流传感器、电压传感器和温度传感器）等。

三、常见车型动力电池管理系统

1. 比亚迪 e6

比亚迪 e6 纯电动汽车 BMS 架构如图 3-6-5 所示，主要包括动力电池管理器、信号（电压、电流、温度）采集系统、高压配电箱（各种接触器、熔丝等）、漏电传感器、车载充电系统、充放电控制系统、车载网络（CAN）等，在汽车上的分布如图 3-6-6 所示。

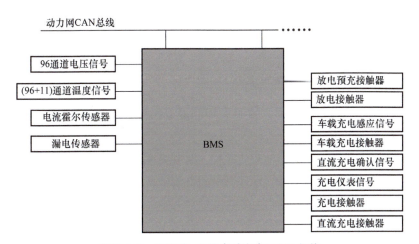

图 3-6-5　比亚迪 e6 纯电动汽车 BMS 架构

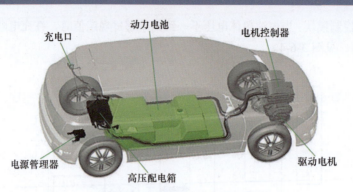

图 3-6-6　BMS 在车上的位置

　　动力电池管理器通过支架固定在汽车后部，通过电压采样线和温度采样线（每个单体电池都有一根电压采样线和一根温度采样线，比亚迪 e6 纯电动汽车有 96 个单体，就各有 96 根电压和温度采集线）采集各单体电池的电压和温度信息，通过插接件端口引入电源，通过通信端口与车辆 ECU 交换数据。

2. 比亚迪 e2

　　比亚迪 e2 电池管理系统为分布式电池管理系统，这种方式是将电池模组的功能独立分离（模组和 CSC 一配一的方式），整个系统形成了 CSC（单体管理单元）、BMC（电池管理控制器）、S-Box（继电器控制器和整车控制器），三层两个网络的形式。优点是可以将模组装配过程简化，采样线束固定起来相对容易，线束距离均匀，不存在压降不一的问题。

　　比亚迪 e2 电池管理系统由 1 个电池管理控制器（BMC）和 3 或 4 个电池信息采集器（BIC）及 1 套动力电池采样线组成，一般放置在左纵梁位置。其位置和外观如图 3-6-7 所示。

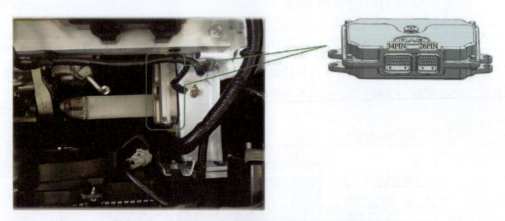

图 3-6-7　比亚迪 e2 电池管理系统在车上的位置和外观

　　电池信息采集器的主要功能有电池电压采样、温度采样、电池均衡、采样线异常检测等；动力电池采样线的主要功能是连接电池管理控制器和电池信息采集器，实现两者之间的通信及信息交换。比亚迪 e2 电池管理系统原理框图，如图 3-6-8 所示。

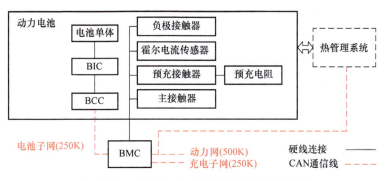

图 3-6-8 比亚迪 e2 电池管理系统原理框图

3. 丰田混合动力车型（普锐斯、凯美瑞、卡罗拉双擎等）

丰田混合动力车型的动力电池控制器（丰田技术资料中称之为电池智能单元）安装在动力电池模块上，如图 3-6-9 所示。丰田混合动力车型动力电池控制器的功能框图如图 3-6-10 所示。

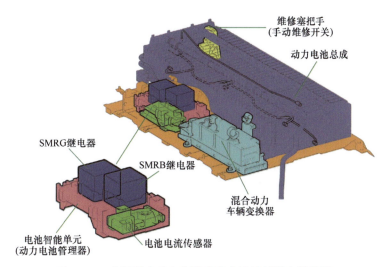

图 3-6-9 丰田混合动力车型动力电池控制器安装位置

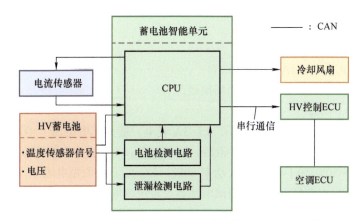

图 3-6-10 丰田混合动力车型动力电池控制器功能框图

第 19 天　动力电池基本维护及检查

一、外观维护

1）直观检查动力电池包紧固螺栓是否松动，如有松动，用做好绝缘的扭力扳手紧固。
2）目测检查动力电池高低压插接器有无变形、松脱、过热、损坏情况。
3）目测极柱是否氧化。
4）目测表面是否脏污，如有可用压缩空气进行清理。
5）目测各高压线束有否破损。
6）检查动力电池标识有无脱落。
7）目测检查动力电池包壳体是否破损或变形、是否有裂纹。
8）目测检查密封是否完整，保证动力电池气密性良好，防止进水，否则更换密封条。
9）目测动力电池包是否有漏液，如有应进行标记并更换壳体或动力电池组。

08.动力电池的检查与维护

二、电量检查（电池容量测试）

1. 电池容量测试

多功能电子负载仪（EBC-A05）如图 3-7-1 所示，它支持镍铬、锂离子、铅酸等各类电池（组）的充电、放电和容量测试。

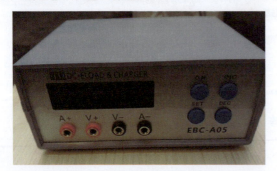

图 3-7-1　多功能电子负载仪

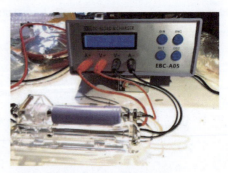

图 3-7-2　接线方式

2. 规格参数

1）供电电源：DC 12V/3.5A 以上。
2）电压范围：0~4.5V/4.5~30V（自动切换档位）。
3）电流范围：0.1~5A。
4）充电功能：10V 以内的电池（组），0.1~3A 充电，最大充电电流 = 电源电流 −0.5A，标准充电：支持镍氢、镍镉、锂离子、铁锂、铅酸。恒压充电：支持自定义恒流恒压充电。
5）放电功能：0~30V，0.1~5A，最大功率 60W，超过后自动限制电流。
恒电流放电：放电电流恒定，用于测试电池容量或电源电流。
恒功率放电：放电功率恒定，用于模拟恒功设备或者测试电源功率。
6）LCD 显示：电压、电流、时间、容量、功率、能量等测试数据。

3. 连接方式

测试接口是 4 个相交插座，如图 3-7-2 所示，其中 A+、A- 分别连接到被测对象的正极和负极，作为充放电电流的连接通道，另外 V+、V- 也分别用独立的两根导线连接到被测对象的正极和负极，作为测量电压的连接通道。测量时通过四线制连接，可以消除导线带来的测量误差，提高测试精度。

4. 显示与设置

按键"ON"——启动；停止键"SET"——设定；切换键"INC"——上翻；增加键"DEC"——下翻、减小。

5. 测试界面

第一行显示测试模式、测量电压和电流。测试模式有：

CC——恒电流放电；

CP——恒功率放电；

Ni——镍氢 / 镍镉充电；

L——锂离子 / 铁锂充电；

P——铅酸充电；

CV——自定义恒流恒压充电；

PW——固定电压输出（5V/2A）；

第二行显示启动状态（停止时为 OFF，启动后为 DSC 或 CHG。当设置为自动充放测试时显示 AT1，其中 1 为当前测试步骤）、运行时间（min）和测量容量（0000mAh 与 00.00Ah 自动切换）。

设置举例如下：

1）恒流放电设置举例（3.7V 锂离子 2A 放电到 2.8V），如图 3-7-3 所示。

DSC-CC   2.00A

02.80V   000Min

图 3-7-3   恒流放电设置举例 1

2）恒流放电设置举例（12V 电源 1.5A 放电 60min），如图 3-7-4 所示。

DSC-CO   1.50A

00.00V   060Min

图 3-7-4   恒流放电设置举例 2

3）标准充电设置举例（3.7V 锂离子 1A 充电到 4.2V），如图 3-7-5 所示。

CHG-LiPo   1.00A

01   000Min   NOR

图 3-7-5   恒流放电设置举例 3

6. 注意事项

1）测试接线正负极不能接反。

2）测试仪禁止超量程使用。

3）最大充电电流不超过电源电流 -0.5A。

三、绝缘检查

动力电池绝缘检查（图 3-7-6），将动力电池内部高压盒插头打开，用绝缘电阻表（1000V 档）

测试总正、总负对地电阻，电阻值≥500Ω/V为正常。

a)动力电池绝缘检查高压盒一侧

b)动力电池绝缘检查绝缘电阻表一侧

图 3-7-6　动力电池绝缘检查

若发现电压偏高，应测量动力电池箱体与车体是否绝缘，如没有绝缘，应由专业人员进行维修。通常可根据系统总正和总负端子对车体的电压大致判断多个电池组中哪一个对车体绝缘出现问题；通过测量动力电池总正、总负端子对动力电池外壳的电压可以大致确判断动力电池内绝缘故障的电池模块。例如，由60只镍氢电池组成的动力电池，动力电池正常电压为75V（60只电池电压总和），若总正端子对电池包壳体的电压为28V，则大致可以判断是从总正端子数第22~23只电池（单体）之间出现了漏电（75∶60 = 1.25，28∶1.25 = 22.4），应进行拆包检查漏电点并消除。若同一个动力电池出现多个漏电点，则电池包内可能会出现部分电池放电严重（内部形成短路）的现象，应按照上面的方法逐一进行排除。

四、动力电池的使用与维护

1）禁止将动力电池总成放置在高温、浸水、静电很高或辐射很强的环境中。

2）禁止反接动力电池正负极。

3）禁止对动力电池进行敲打、重压、碰撞、私自拆解或随意扔放。

4）行车前查看仪表盘确认电池系统状态是否正常、有无故障码图标；动力电池电量（SOC值）大于50%较好，低于30%时，应尽快充电。

5）使用的过程中，每周至少进行满充一次；每月至少进行一次满充、满放，双模式动力（DM）车型可放电至5%，纯电动（EV）车型可放电至15%~20%。

6）长期存放不使用车辆时，应先充电至100%；存放时间超过三个月，必须对动力电池进行再次充电。

第4章

高压配电系统

第20天　高压配电系统认知

电动汽车都有一套高压配电系统。高压配电系统用于将动力电池的高压电分配给电机控制器、驱动电机、电动空调压缩机、PTC加热器等高压部件。同时，动力电池还有一套直流充电快充系统和交流充电慢充系统，以便为动力电池充电。

不同的车系高压配电系统主要组成部件名称也不同，有的命名为高压配电箱，也有的称为高压分线盒、高压配电单元、高压接线盒、高压配电模块、高压控制盒等。高压配电箱在部分车型中单独安装，还有部分车型将其与其他部件封装在一起。无论高压配电箱布置在什么部位，它在电动汽车中起到的作用大致相同。

一般高压配电系统由高压分线盒、直流充电接口、交流充电接口、高压配电线束、电动空调压缩机线束、PTC加热器线束、电机三相线等组成，如图4-1-1所示。

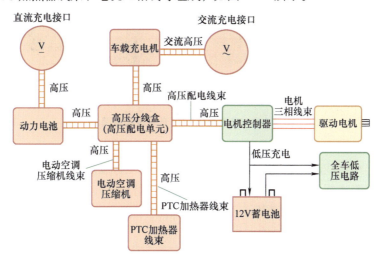

图 4-1-1　高压配电系统组成示意图

1. 高压分线盒

高压分线盒的作用类似于低压供电系统中的熔丝盒，高压分线盒功能包括：高压电能的分配和高压回路的过载及短路保护，高压分线盒将动力电池总成输送的电能分配给电机控制器、DC/DC控制单元、空调压缩机、HVH加热器和PTC加热器。

09. 新能源汽车高压配电系统

广汽丰田 ix4 高压分线盒基本原理如图 4-1-2 所示。动力电池输出的高压电通过分线盒总成分配给电机控制器，同时还通过高压附件熔丝分别给 PTC 加热器、HVH 加热器、空调压缩机和 DC/DC 变换器等高压附件通电。

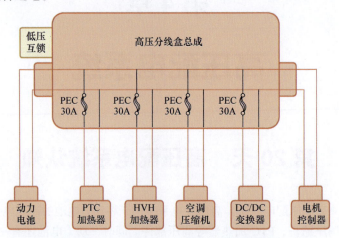

图 4-1-2　广汽丰田 ix4 高压分线盒基本原理

2. 直流、交流充电接口、直流母线

直流充电接口能接收直流充电桩的电能，并通过高压线束将电能输送给动力电池总成，为其充电。

交流充电接口接收交流充电桩的电能，并通过高压线束将电能输送给车载充电机，车载充电机将交流电转化成直流电再传递给分线盒，高压分线盒经过直流母线将直流电传递到动力电池，为其充电。交流充电接口充电时的能量路线如图 4-1-3 所示。

图 4-1-3　交流充电接口充电时能量路线

3. 驱动电机三相线

车辆行驶时，电流从动力电池依次经过直流母线、高压分线盒、电机控制器高压线、电机控制器、电机三相线到达驱动电机，产生驱动力。车辆正常行驶时，驱动电机的能量传递路线和车辆减速行驶时能量回收的传递路线相反，如图 4-1-4 所示。

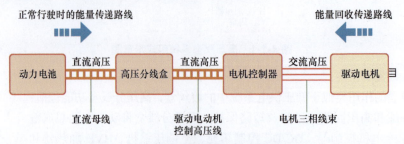

图 4-1-4　车辆行驶和能量回收时的动力传递

第 21 天　常见车型高压配电系统配置

一、吉利电动汽车

1. 吉利帝豪 GSe 电动汽车

吉利帝豪 GSe 电动汽车高压配电系统以集成在车载充电机内的高压配电箱为核心，向高压系统提供高压电，高压配电系统零部件位置如图 4-2-1 所示。吉利帝豪 GSe 电动汽车车载充电机除了为动力电池充电外还具有动力电池输出分配能力，高压配电盒集成在其中。高压配电盒类似于低压供电系统中的熔丝盒，负责高压电能的分配和高压回路的过载及短路保护。

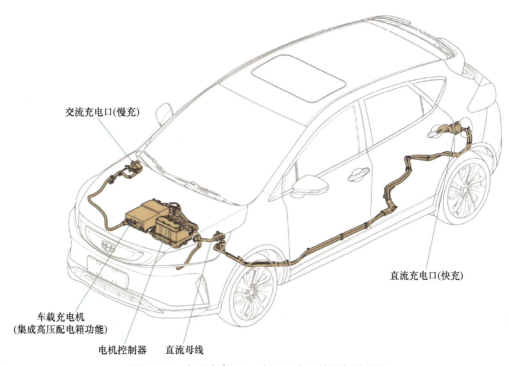

图 4-2-1　吉利帝豪 GSe 高压配电系统零部件位置

车载充电机内的高压配电箱将动力电池的电能分配给电机控制器、电动空调压缩机和 PTC 加热器。并且，在高压配电箱内分别针对电动空调压缩机回路、PTC 加热器回路、交流慢充回路各设置了一个 40A 的熔断器。吉利帝豪 GSe 电动汽车高压配电盒内部连接示意图如图 4-2-2 所示，高压配电系统电气原理框图如图 4-2-3 所示。

配电系统驱动电机高压线束安装在前机舱如图 4-2-4 所示，电动空调压缩机及电加热器高压线束如图 4-2-5 所示。

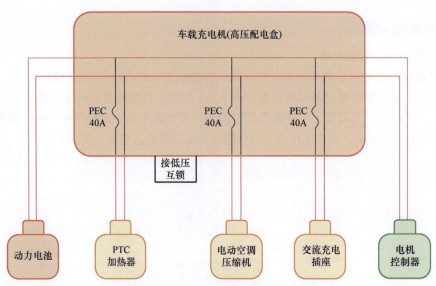

图 4-2-2　高压配电盒内部连接示意图

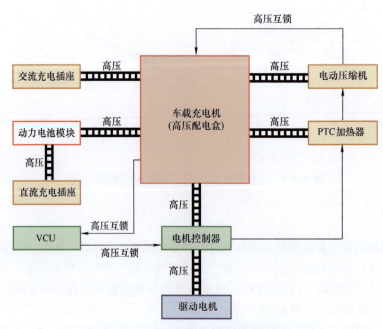

图 4-2-3　高压配电系统电气原理框图

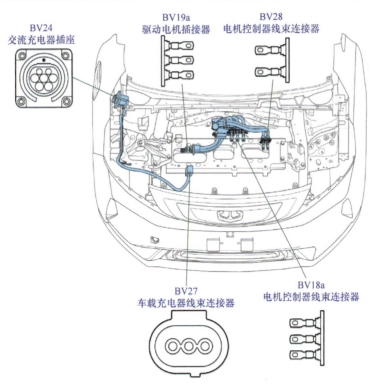

图 4-2-4　配电系统驱动电机高压线束

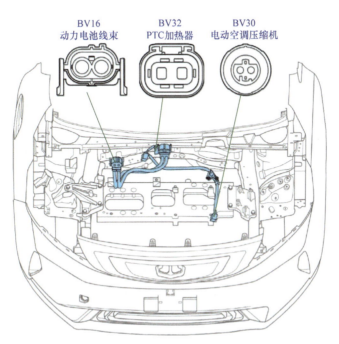

图 4-2-5　电动空调压缩机、PTC 加热器高压线束

2. 吉利帝豪 PHEV

吉利帝豪 PHEV 高压配电系统主要包括以下部件：动力线束总成、PEU 至电机（EM1）连接

电缆、PEU 至电机（EM2）连接电缆、电动油泵高压线（插电混动车型）、PTC（电加热器）线束、分线盒（部分车型称高压配电单元或高压配电盒）至 PEU 连接线缆等，如图 4-2-6 所示。

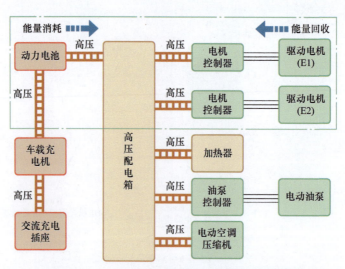

图 4-2-6　吉利帝豪 PHEV 高压配电系统组成图

吉利帝豪 PHEV 高压配电箱（部分车型称为分线盒）安装在车辆底部，配电系统动力线束及电机连接线束如图 4-2-7 所示。各线束连接器名称分别如图 4-2-8、图 4-2-9 所示。

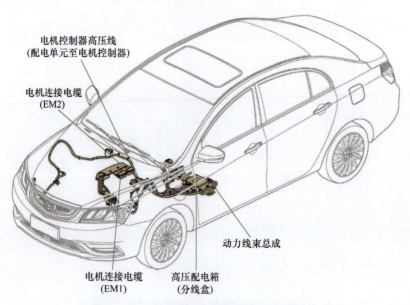

图 4-2-7　配电系统动力线束及电机连接线束

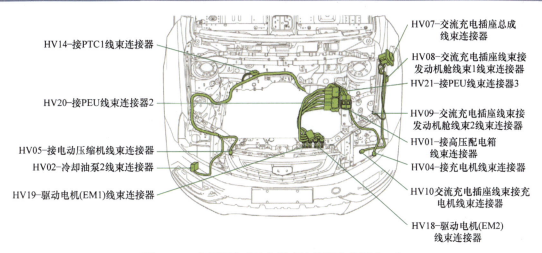

图 4-2-8　高压配电系统各线束连接器名称图（一）

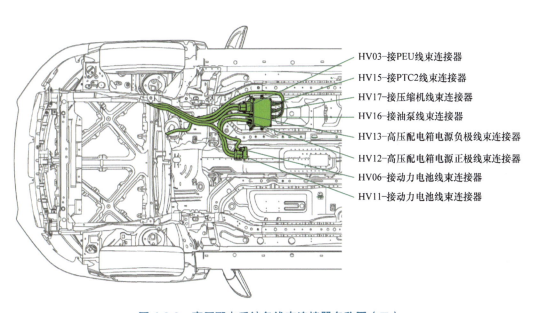

图 4-2-9　高压配电系统各线束连接器名称图（二）

3. 吉利帝豪 EV300/EV450

吉利帝豪 EV300/EV450 配电系统与前面两款吉利新能源汽车类似，都是由高压配电箱（分线盒）、直流母线、电机三相线束、交流充电口、直流充电口以及相关高压线束等组成。配电系统组成原理框图可参见吉利帝豪 GSe 和帝豪 PHEV。

吉利帝豪 EV300/EV450 配电系统动力线束主要集中在前舱，充电高压线束和充电口集中在车辆底部及尾部，如图 4-2-10 和图 4-2-11 所示。

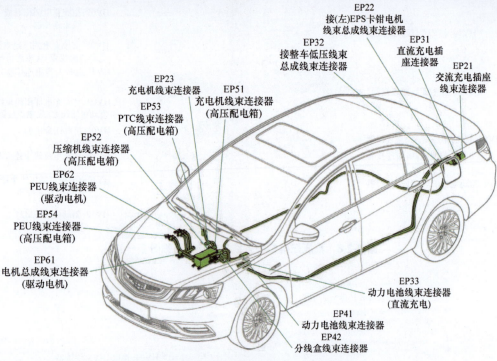

图 4-2-10 吉利帝豪 EV300 配电系统动力线束（一）

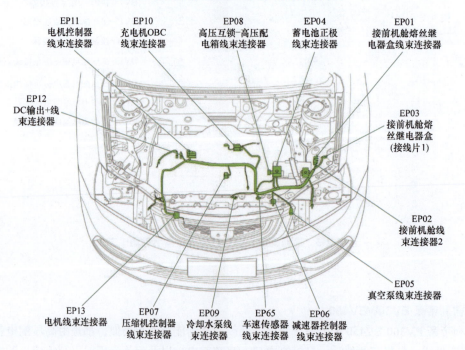

图 4-2-11 吉利帝豪 EV300 配电系统动力线束（二）

二、北汽电动汽车

1. 北汽 EV200

北汽 EV200 电动汽车高压配电系统以高压配电箱为核心，完成动力电池电源的输出及分配，实现对支路用电器的保护及切断。北汽 EV200 高压配电箱安装在前机舱内，同时前机舱内还安装有电机控制器、DC/DC、车载充电机等高压部件，如图 4-2-12 所示。

图 4-2-12　高压配电箱安装位置

高压配电箱外围插接件有快充插接器、低压控制插接器、高压附件插接器、动力电池插接器和电机控制插接器组成，如图 4-2-13 所示。

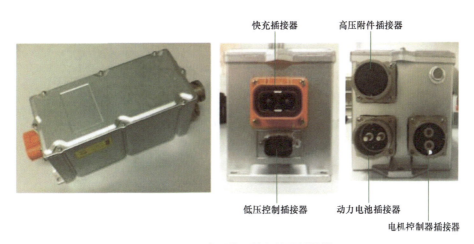

图 4-2-13　高压分配箱和外围插接器

高压配电箱内部有四个熔断器、PTC 控制板和快充继电器组成。四个熔断器分别保护 PTC 电路、电动空调压缩机电路、DC/DC 电路和车载充电器电路。高压配电箱内部结构如图 4-2-14 所示。

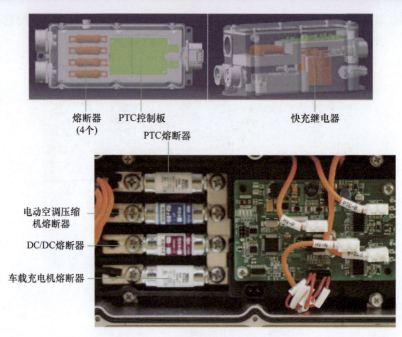

图 4-2-14 高压配电箱内部结构图

2. 北汽 EU260

北汽 EU260 高压配电系统集成在 PEU 内部。PEU 将电机控制器、车载充电机、DC/DC 和高压配电箱、快充继电器、熔断器、互锁电路等集成在一起,如图 4-2-15 所示。其中车载充电机和互锁电路在 PEU 另一侧,图中无法看到。

图 4-2-15 北汽 EU260 PEU 组成

PEU 内部有四个高压熔断器,分别为充电机、PTC 加热器、电动空调压缩机、DC/DC 提供高压电并保护相关电路,如图 4-2-16 所示。

三、比亚迪电动汽车

1. 比亚迪 e2（e1/e3）

比亚迪 e2 车型高压配电盒采用的是 6.6kW 交流充配电三合一总成，如图 4-2-17 所示。其中包括车载充电器与 DC/DC 集成模块、高压配电模块以及机械部分。高压配电模块主要是通过铜排、接触器、熔丝等器件将电网、动力电池、高压负载等连接成高压回路，将动力电池的高压直流电供给整车高压电器，接受来自车载充电器或其他电源供给的直流电来给动力电池充电；同时它还具有其他的辅助检测功能，例如漏电检测、烧结检测等。

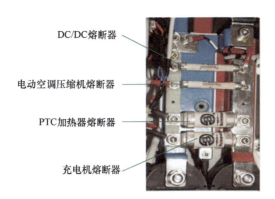

图 4-2-16 高压熔断器

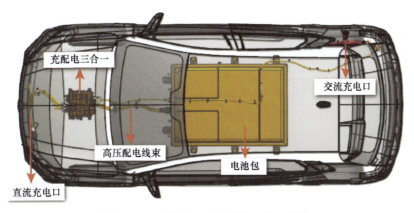

图 4-2-17 比亚迪 e2 充配电三合一总成

比亚迪 e2 充配电总成-结构说明如图 4-2-18 所示。

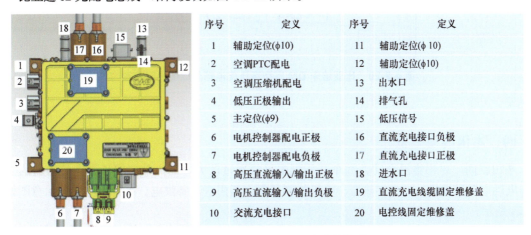

序号	定义	序号	定义
1	辅助定位(φ10)	11	辅助定位(φ10)
2	空调PTC配电	12	辅助定位(φ10)
3	空调压缩机配电	13	出水口
4	低压正极输出	14	排气孔
5	主定位(φ9)	15	低压信号
6	电机控制器配电正极	16	直流充电接口负极
7	电机控制器配电负极	17	直流充电接口正极
8	高压直流输入/输出正极	18	进水口
9	高压直流输入/输出负极	19	直流充电线缆固定维修盖
10	交流充电接口	20	电控线固定维修盖

图 4-2-18 比亚迪 e2 高压配电盒结构说明

2. 比亚迪宋 DM 车型

比亚迪宋 DM 车型高压配电箱总成如图 4-2-19 所示，高压配电箱总成配电原理图如图 4-2-20 所示。

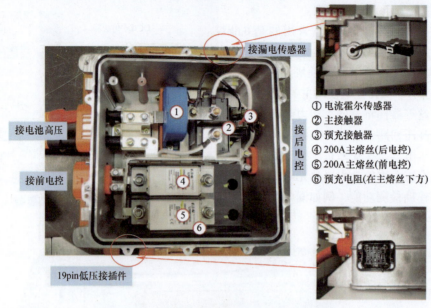

图 4-2-19 比亚迪宋 DM 车型高压配电箱总成

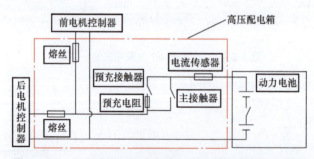

图 4-2-20 比亚迪宋 DM 车型高压配电箱总成配电原理图

四、本田混动车型

本田雅阁、思铂睿混合动力汽车高压配电系统通过动力电池内部接线板，在接触器的作用下向电动空调压缩机、PTC 加热器、电机控制器等高压用电设备供电，高压配电系统示意图如图 4-2-21 所示。

雅阁、思铂睿混合动力车型使用独特的混合网络连接高压单元和 PCV，称为"IMA-CAN"，使用高速 CAN 网络。动力电池传感器和电池控制器之间的网络称为"BAT-CAN"，同样使用高速 CAN 网络。"F-CAN"用于连接动力控制单元（PCU）、VSA、SRS、仪表等。"B-CAN"用于连接仪表和电子空调控制系统的控制单元等。

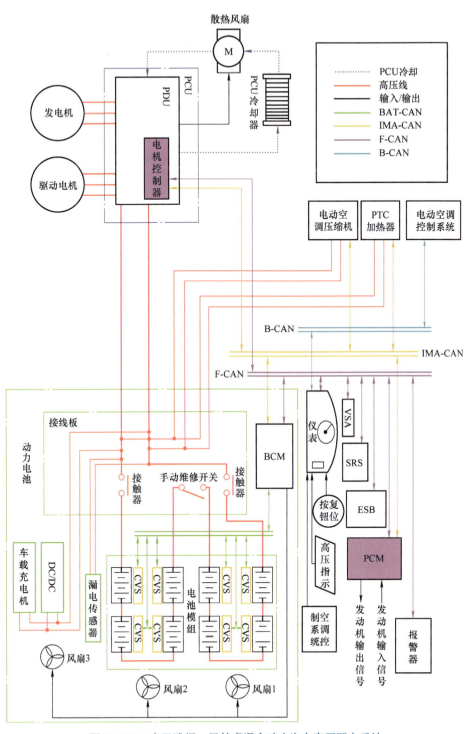

图 4-2-21 本田雅阁、思铂睿混合动力汽车高压配电系统

五、宝马电动汽车

宝马电动汽车（宝马 i8、i3、F18 PHEV、X1 PHEV）的高压配电系统集成于电机电子装置（MEM）中。电机电子装置（MEM）集成电机控制器、DC/DC、DC/AC、高压电分配管理器等。宝马 X1 PHEV 电机电子装置安装位置如图 4-2-22 所示。

图 4-2-22 宝马 X1 PHEV 电机电子装置安装位置

第 22 天　高压配电系统基本维护及检查

一、高压配电箱的维护及检查

1）检查高压配电箱外壳有无变形、有无明显的碰撞痕迹。检查散热翅片之间是否有异物，如果有可以用压缩空气吹走异物。

2）检查高压配电箱连接线束是否牢固，有无破损、裂纹。

3）检查高压配电箱紧固螺栓是否锈蚀，紧固力矩是否足够。

4）检测高压配电箱的绝缘性能，使用绝缘电阻表检测高压配电箱的高压接口和高压电缆绝缘电阻值。高压盒端（动力电池输入，MCU 输出）与车身（外壳）绝缘电阻值应为无穷大。

二、高压配电系统回路短路检查

在整车故障诊断时诊断出高压部件不工作或高压部件无电压输入，方可按照此流程检查回路导通性。

（1）电动空调压缩机回路短路检查

电动空调压缩机回路短路检查流程如图 4-3-1 所示。

（2）车载充电机输出回路短路检查

车载充电机输出回路短路检查流程如图 4-3-2 所示。

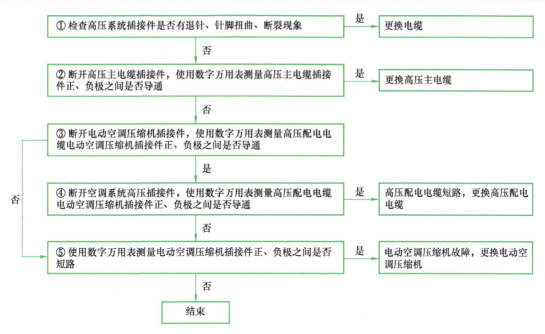

图 4-3-1　电动空调压缩机回路短路检查流程

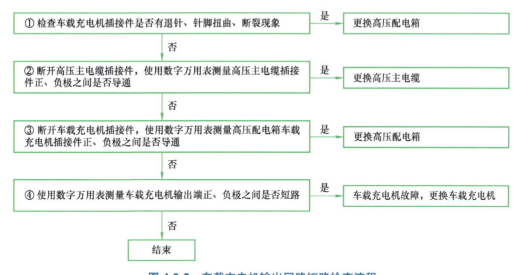

图 4-3-2　车载充电机输出回路短路检查流程

（3）PTC 加热器回路短路检查

PTC 加热器回路短路检查流程如图 4-3-3 所示。

（4）电机控制器回路短路检查

电机控制器回路短路检查流程如图 4-3-4 所示。

（5）直流充电回路短路检查

直流充电回路短路检查流程如图 4-3-5 所示。

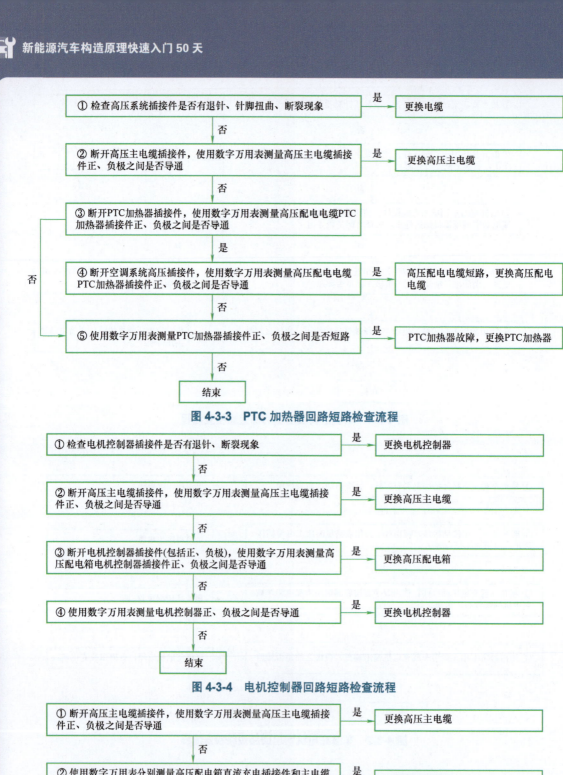

图 4-3-3 PTC加热器回路短路检查流程

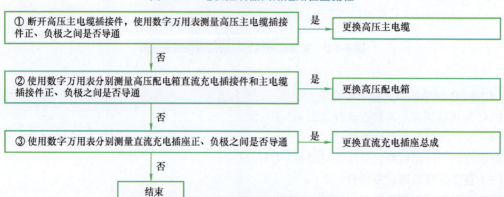

图 4-3-4 电机控制器回路短路检查流程

图 4-3-5 直流充电回路短路检查流程

第 5 章

充电系统

第 23 天　充电系统认知

电动汽车以动力电池作为动力源，想要获得更多的续驶里程，就要及时对动力电池进行充电。电动汽车上都安装有车载允电系统。车载充电系统是纯电动汽车主要的能源补给系统，为保障车辆持续行驶提供动力能源。根据动力电池的实时状态进行控制，启动充电和停止充电；并根据动力电池的电量、温度，控制充电电流的调节和动力电池的加热。

充电系统从功能上主要可分为快充、慢充、低压充电和制动能量回收四类，辅助功能还有充电枪锁、智能充电等。

10. 新能源汽车充电系统

一、快充（直流高压充电）

目前，各高速公路服务器或充电站的充电机属于直流高压快速充电模式。当直流充电枪连接到车辆直流充电口时，直流充电设备发送充电唤醒信号给电动汽车的 BMS，BMS 根据动力电池的可充电功率，向直流充电设备发送充电电流指令。同时，BMS 吸合高压正极继电器和高压负极继电器，动力电池开始充电。这种充电形式直接为动力电池充电，不经过车载充电机，快充充电路径如图 5-1-1 所示。

图 5-1-1　快充充电路径

二、慢充（交流高压充电）

当车辆处于交流充电模式下，ACM（辅助控制模块）或整车控制器检测交流充电接口的 CC（充电枪插入感应信号）、CP（导通信号）信号并唤醒 BMS，BMS 唤醒车载充电机并发送指令充电，同时闭合主继电器，动力电池开始充电。这种充电形式使用车载充电机将交流电转换为高压直流电为动力电池充电，充电路径如图 5-1-2 所示。

图 5-1-2 慢充充电路径

三、低压充电

电动汽车高压系统上电前，低压电路系统依赖 12V 蓄电池供电，当高压系统上电后，电机控制器（内装 DC/DC）或 DC/DC 模块将动力电池的高压直流电转换成低压直流电为 12V 蓄电池充电。低压充电路径如图 5-1-3 所示。

图 5-1-3 低压充电路径

四、制动能量回收

能量回收系统是在车辆滑行或制动过程中，驱动电机从驱动状态转变成发电机状态，将车辆的动能转换为电能储存在动力电池中。

车辆在滑行或制动时，VCU 根据当前动力电池状态和制动踏板位置信号，计算能量回收转矩并发送指令给电机控制器，启动能量回收。制动能量回收传递路线与能量消耗相反，如图 5-1-4 所示。

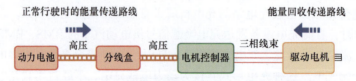

图 5-1-4 制动能量回收传递路线与能量消耗路线

制动能量回收过程中电机消耗车轮旋转的动能发出交流电再输出给电机控制器，安装在电机控制器内部的 AC/DC 将交流电变换成直流电给动力电池充电。

五、辅助功能

1. 充电枪锁功能

为防止车辆充电过程中充电枪丢失，部分电动汽车具有充电枪锁功能。充电枪插入充电接口后，只要驾驶员按下智能钥匙闭锁按钮，充电枪防盗功能将开启；PEPS（无钥匙进入和起动系统）收到智能钥匙的闭锁信号后，通过 CAN 总线将该信号传递到辅助控制模块（ACM），ACM 将控制充电枪锁止电机锁止充电枪，此时充电枪无法拔出。如要拔出充电枪，需先按下智能钥匙解锁按钮，解锁充电枪。

2. 智能充电

长期停放的车辆容易造成 12V 蓄电池亏电，当 12V 蓄电池严重亏电时将会导致车辆无法起动上电。为避免这一问题，智能充电功能在车辆停放过程中使用辅助控制器（ACM）持续对 12V 蓄电池电压进行监控，当电压低于设定值时，ACM 将唤醒 BMS，同时 VCU 也将控制电机控制器通过 DC/DC 对 12V 蓄电池进行充电，防止 12V 蓄电池亏电。智能充电功能如图 5-1-5 所示。

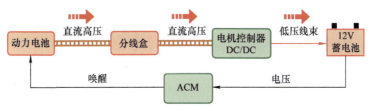

图 5-1-5　智能充电功能图

第 24 天　充电口、车载充电机（车载充电器）

一、充电口

电动汽车充电接口是指通过活动电缆与充电外部设备和电动汽车相连接的充电部件，包括充电插头和充电座两部分。

1. 交流充电接口

根据国标 GB/T 20234.2—2015《电动汽车传导充电用连接装置第 2 部分：交流充电接口》规定，电动汽车传导充电用交流充电接口，其额定电压不超过 440V（AC），频率 50Hz，额定电流不超过 32A（AC）。

标准规定，在国内生产和销售的电动汽车车辆接口和充电接口分别包含 7 对触点，其电气参数值及功能定义如表 5-2-1 所示。

表 5-2-1　交流充电接口电气参数值及功能定义

触点编号 / 标识	额定电压和额定电流	功能定义
1-（L1）	250V,10A/16A/32A	交流电源（单相）
	440V,16A/32A/63A	交流电源（三相）
2-（L2）	440V,16A/32A/63A	交流电源（三相）
3-（L3）	440V,16A/32A/63A	交流电源（三相）
4-（N）	250V,10A/16A/32A	中线（单向）
	440V,16A/32A/63A	中线（三相）
5-（接地）	—	保护接地（PE），连接供电设备地线和车辆车身地线
6-（CC）	30V,2A	充电连接确认
7-（CP）	30V,2A	控制确认

交流充电接口车辆 / 供电插头触点和车辆 / 供电插座触点布置如图 5-2-1 所示。

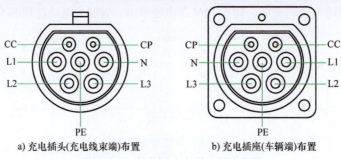

图 5-2-1 充电插头布置、插座布置

在交流充电过程中,首先连接保护搭铁端子,最后连接控制确认端子。在脱开过程中,首先断开控制确认端子,最后断开保护搭铁端子。交流充电连接界面如图 5-2-2 所示。

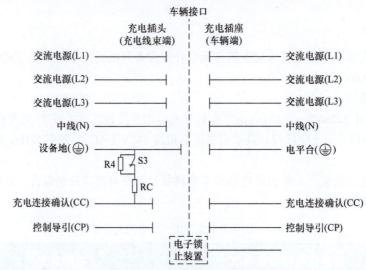

图 5-2-2 交流充电连接界面

2. 直流充电接口

根据国标 GB/T 20234.3—2015《电动汽车传导充电用连接装置第3部分:直流充电接口》规定,电动汽车传导用直流充电接口额定电压不超过 1000V(DC)、额定电流不超过 250A(DC)。

标准规定,直流充电接口的车辆插头和车身插座分别包含 9 对触点,其电气参数值及功能定义如表 5-2-2 所示。

表 5-2-2 直流充电接口电气参数值及功能定义

触点编号/标识	额定电压和额定电流	功能定义
1-(DC+)	750V/1000V,80A/125A/200A/250A	直流电源正极,连接直流电源正极与动力电池正极
2-(DC-)	750V/1000V,80A/125A/200A/250A	直流电源负极,连接直流电源负极与动力电池负极
3-(接地)	—	保护接地(PE),连接供电设备地线
4-(S+)	30V,2A	充电通信 CAN-H,连接非车载充电机与电动汽车的通信线
5-(S-)	30V,2A	充电通信 CAN-L,连接非车载充电机与电动汽车的通信线

(续)

触点编号/标识	额定电压和额定电流	功能定义
6-（CC1）	30V，2A	充电连接确认1
7-（CC2）	30V，2A	充电连接确认2
8-（A+）	30V，20A	低压辅助电源正，连接非车载充电机为电动汽车提供的低压辅助电源
9-（A-）	30V，20A	低压辅助电源负，连接非车载充电机为电动汽车提供的低压辅助电源

直流充电接口车辆/供电插头触点和车辆/供电插座触点布置如图5-2-3所示。

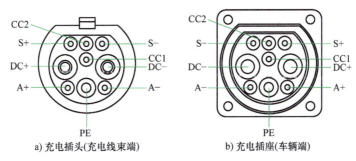

a) 充电插头(充电线束端)   b) 充电插座(车辆端)

图 5-2-3　直流充电接口充电插头、插座布置

充电插头和车座在连接过程中触头耦合的顺序为：保护接地、直流电源正、直流电源负、车辆端连接确认、低压辅助电源正与低压辅助电源负、充电通信与供电端连接确认；在脱开的过程中顺序相反。直流充电接口的连接界面如图5-2-4所示。

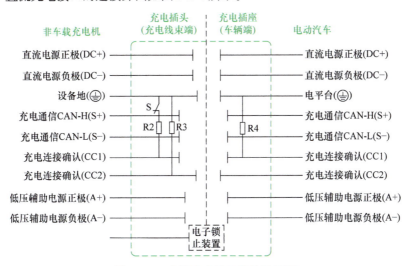

图 5-2-4　直流充电接口的连接界面

二、车载充电机（车载充电器）

1. 车载充电机基本原理

车载充电机是慢充系统的主要组成部件，车载充电机将民用220V交流电整流为动力电池所需

的 290~420V 高压直流电，实现动力电池的充电。

车载充电机主要由交流输入端口、功率单元、控制单元、低压辅助单元、直流输出端口等组成，其连接示意图如图 5-2-5 所示。

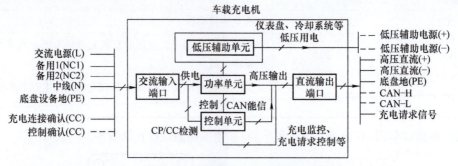

图 5-2-5　车载充电机连接示意图

1）交流输入端口。交流输入端口是车载充电机与地面供电设备的连接装置。

2）功率单元。功率单元是充电能量的传递通道，包括了电磁干扰抑制模块、整流模块、功率因数校正模块、滤波模块、全桥变换模块、直流输出模块等。它在控制单元的配合下，把电网的交流电转换成动力电池需要的高压直流电。

3）控制单元。控制单元主要包括原边检测及保护模块、过电流检测及保护模块、过电压/欠电压监测及保护模块、DSP 主控模块。它通过电力电子开关元器件控制功率单元的转换过程，利用闭环控制方式精确地完成转换和保护功能。

4）低压辅助单元。低压辅助单元包括 CAN 通信模块、辅助电源模块、人机交互模块。它是为控制单元的电力电子元器件提供低压电，以及实现系统与外界的联系。

5）直流输出端口。直流输出端口是车载充电机与动力电池之间的连接装置。

2. 常见车型车载充电机

（1）吉利车系

1）2017 款吉利帝豪 EV300 车载充电机。2017 款吉利帝豪 EV300 车载充电机布置位置如图 5-2-6 所示。它布置在前机舱内动力总成托架上，处于电机控制器旁边。车载充电机结构如图 5-2-7 所示，采用充电机与分线盒集成一体式方案，取消了原来充电机与分线盒之前的高压线束，为水冷结构，具备 4 个安装点。

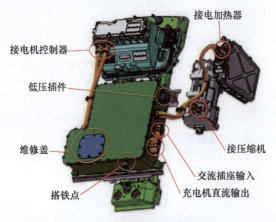

图 5-2-6　车载充电机布置位置

图 5-2-7　车载充电机结构

2017款吉利帝豪车载充电机性能描述见表5-2-3。

表5-2-3　2017款吉利帝豪车载充电机性能描述

项目	2017款
效率	满载≥93%，半载≥94%
功率因数	0.99
最大输出功率	6.6kW
输入电压范围	85~265V
输出电压范围	200~450V
输入电流范围	0~32A
输出电流范围	0~24A
输入电流误差	3% 或 0.1A
输入电压误差	2%
输出电流误差	1% 或 100mA
输出电压误差	1% 或 2V
效率	满载≥93%，半载≥94%

2017款吉利帝豪EV300车载充电机主要功能如下：

① 充电功能：通过家用插头和交流充电桩接入交流充电口，通过车载充电机将家用220V交流电转为直流高压电给动力电池进行充电。

② 保护功能：车载充电机具有保护功能，如接地、断电、短路、过电压、过电流、欠电压、过温、高压输出反接、低压输入反接等。

③ 冷却方式：车载充电机冷却方式为水冷，冷却液温度在−40~85℃之间（60℃满功率），车载充电机应能正常工作。

④ 唤醒方式：充电机唤醒方式为BMS提供的12V硬线唤醒。

⑤ CAN通信：车载充电机与整车其他控制模块通过CAN通信进行交互，被动执行BMS的充电控制指令实现充电功能。

⑥ 互锁检测：车载充电机具备高压互锁检测功能，将电池包输出高压插接器的互锁信号和开盖检测开关通过低压线束串联起来，通过CAN网络上报给整车。

⑦ 插座温度检测：车载充电机通过温度传感器检测交流充电插座的实时温度并上报给整车，实现交流插座过温保护保护功能。

2）2018款吉利帝豪EV450。2018款吉利帝豪EV450车载充电机与2018款吉利帝豪EV300一样，都是跟分线盒集成一体的。它在车上的位置如图5-2-8所示。

车载充电机将交流电转化成直流电传递给分线盒，分线盒经过直流母线将直流电传递到动力电池为其充电，如图5-2-9所示。

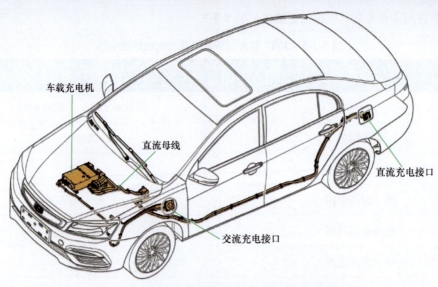

图 5-2-8　2018 款吉利帝豪 EV450 车载充电机

图 5-2-9　车载充电机电气原理图

（2）奔腾车系

2019 年奔腾 B30EV400 有两种车载充电器，车载充电器总成（3.3kW）如图 5-2-10 所示，车载充电器总成（6.6kW）如图 5-2-11 所示。

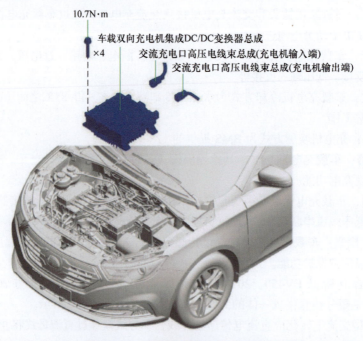

图 5-2-10　车载充电器总成（3.3kW）

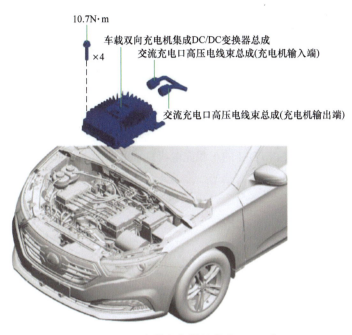

图 5-2-11 车载充电器总成（6.6kW）

（3）宝马插电混动车型

宝马 X1（F49 PHEV）插电混动车型中的车载充电机称为便携充电电子装置（KLE），如图 5-2-12 所示。车载充电机建立了电动汽车和充电站之间的沟通，其控制单元通过终端 30F 供给电压。连接充电时，车载充电机同样唤醒动力电池需要的汽车电气系统中的部分控制单元。车载充电机将交流充电电压变换成直流电压，变换效率为 95%，并传送至电机电子装置（EME），电机电子装置对动力电池单元进行充电。在 90% 的充电效率条件下（可能有变化，取决于温度条件），充电功率在最大 3.7kW（AC）时，可以为动力电池输送 3.5kW 的直流充电功率。车载充电机同时还具备高压分配的功能，它为电气加热装置和电动空调压缩机供电。

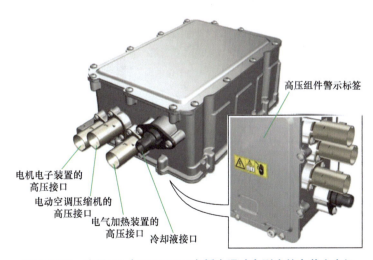

图 5-2-12 宝马 X1（F49 PHEV）插电混动车型中的车载充电机

(4) 比亚迪车系

1) 比亚迪宋 Pro DM。比亚迪宋 Pro DM 的车载充电机（BOC）跟 DC/DC 变换器集成在一起,在车上的位置如图 5-2-13 所示,实物图如图 5-2-14 所示。它的功能如下:

① 把交流口输入的 220V 交流电变换为高压直流电,为动力电池充电。
② VTOL 功能（取消车内放电）。
③ 在充放电时同时为低压蓄电池补充电。
④ 将动力电池高压直流电变换为低压直流电,供整车低压用电器使用。

图 5-2-15 所示为比亚迪宋 Pro DM 的车载充电机总成电路图。

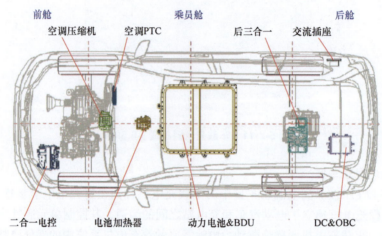

图 5-2-13 比亚迪宋 Pro DM 车载充电机总成在车上的位置

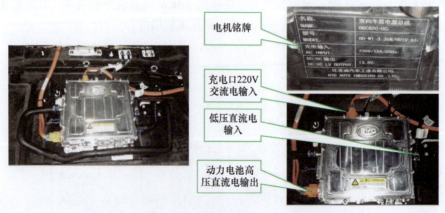

图 5-2-14 比亚迪宋 Pro DM 车载充电机总成实物图

2) 比亚迪 e5（2018 款）。比亚迪 e5（2018 款）双向车载充电机与双向交流逆变式电机控制器（VTOG）、高压配电和漏电传感器、DC/DC 变换器集成在高压电控总成内部。比亚迪 e5 高压电控总成如图 5-2-16 所示。比亚迪 e5 高压电控总成（含车载充电机）电路连接图如图 5-2-17 所示。

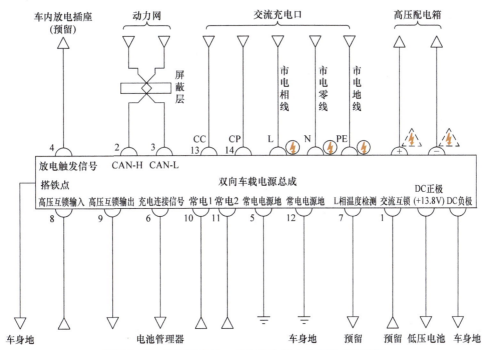

图 5-2-15　比亚迪宋 Pro DM 的车载充电机总成电路图

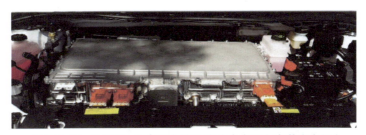

图 5-2-16　比亚迪 e5 高压电控总成（内含双向车载充电机）

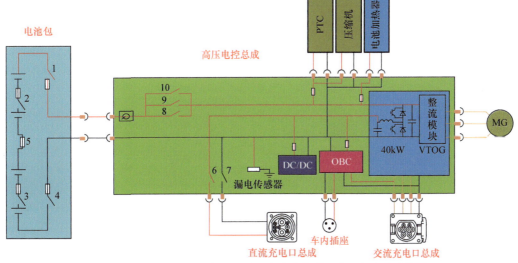

图 5-2-17　比亚迪 e5 高压电控总成（含车载充电机）电路连接图
1—正极接触器　2—分压接触器1　3—分压接触器2　4—负极接触器　5—维修开关
6—直流充电正极接触器　7—直流充电负极接触器　8—主接触器　9—充电接触器　10—预充接触器

VTOG、车载充电器的主要作用是：控制高压交/直流电双向逆变，驱动电机运转，实现充、放电功能。具体表现如下：

① 驱动控制（放电）：采集加速踏板、制动、档位、旋变信号等控制电机正向、反向驱动，正转、反转发电功能；具有高压输出电压和电流控制限制功能，具有电压跌落、过电流、过温、IPM 过温、IGBT 过温保护、功率限制、转矩控制限制等功能。同时具备电控系统防盗、能量回馈控制、主动泄放、被动泄放控制。

② 充电控制：交、直流变换，双向充、放电控制功能；自动是识别单相、三相相序，并根据充电电流控制充电方式，根据充电设备识别充电功率，控制充电方式；根据车辆或其他设备请求信号控制车辆对外放电；断电重启功能：在电网断电后又供电时，可继续充电。

3）比亚迪 e5（2019 年款）。比亚迪 e5（2019 年款）的车载充电机集成在 B 平台充配电总成（充配电三合一总成）中，它在车上的位置如图 5-2-18 所示。

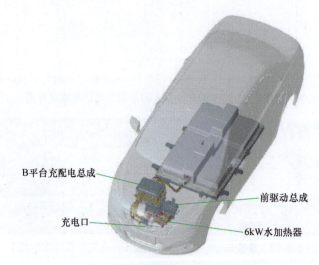

图 5-2-18　比亚迪 e5（2019 年款）B 平台充配电总成位置

比亚迪 e5 充配电总成及其性能参数如图 5-2-19 所示。

充配电总成		B平台
电压	额定电压/V	394.2
	最高电压/V	450
	最低电压/V	250
OBC	充电功率/kW	6.6
	类型	单向、隔离
DC	额定输出电压/V	13.8
	额定输出电流/A	145

图 5-2-19　比亚迪 e5 充配电总成及其性能参数

比亚迪 e5 充配电总成端口及定义如图 5-2-20 所示。

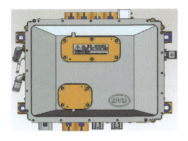

序号	定义	对接说明
1	辅助定位(φ13)	安装在前舱大支架上
2	出水口	连接冷却水管
3	排气口	连接排气管
4	进水口	连接冷却水管
5	主定位(φ11)	安装在前舱大支架上
6	交流充电输入	连接交流充电口
7	直流充电输入	连接直流充电口
8	空调压缩机配电	连接空调压缩机
9	PTC水加热器配电	连接PTC
10	辅助定位(φ13)	安装在前舱大支架上
11	低压正极输出	连接12V蓄电池
12	辅助定位(φ13)	安装在前舱大支架上
13	低压信号	连接低压线束
14	高压直流输入/输出	连接电池包
15	电机控制器配电	连接电机控制器
16	电控线和直流母线固定维修盖	固定点维修盖板
17	直流充电电缆固定维修盖	固定点维修盖板

图 5-2-20　比亚迪 e5 充配电总成端口及定义

4）比亚迪 e2

比亚迪 e2 的车载充电器与 DC-DC 集成模块安装在高压配电总成中，OBC 与 DC/DC 熔丝在高压配电总成中的位置如图 5-2-21 所示。

比亚迪 e2 充配电总成（含 OBC 与 DC/DC）结构示意图如图 5-2-22 所示。车载充电器与 DC-DC 集成模块有两个功能：一是将电网的 220V 交流电转换成高压直流电给动力电池充电；二是将高压直流电转化为低压直流电给整车负载及蓄电池供电。

图 5-2-21　比亚迪 e2 OBC 与 DC/DC 熔丝在高压配电总成中的位置

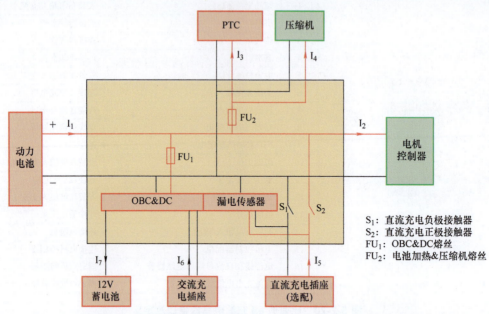

图 5-2-22　比亚迪 e2 充配电总成（含 OBC 与 DC/DC）结构示意图

第 25 天　常见车型充电系统配置

一、电动版 SMART453

电动版 SMART453 车上充电基础设备如图 5-3-1 所示。

1. 高电压充电器控制单元

高电压充电器控制单元将外部供电源的交流电变换成给动力电池充电的直流电。在将充电电缆的插头插入充电器供电插座时，高电压充电器控制单元通过充电控制器区域网络（CAN）总线唤醒参与充电过程的控制单元。它通过一个控制器区域网络（CAN）连接与电驱动控制单元通信。

2. 充电器

在 SMART 电动版中，7kW 高电压充电器是标准装备，安装在高电压控制单元盒旁边。一般动力电池充电器（22 kW 充电器）集成在高电压控制单元盒中。

3. 充电电缆 ICBB 与用于公共充电方式的充电电缆

充电电缆 ICBB（如图 5-3-2 所示）与所在国的标准相一致。它包括一个带有一个接地故障电路断流器和一根控制引导信号导线的缆上控制盒。此外，驾驶员可以通过一个单相内联盒分四档（6A、8A、10A、12A）调节充电电流。

用于公共充电方式的充电电缆（如图 5-3-3 所示）不含任何电子装置。控制引导信号在壁挂式充电盒中生成。在充电过程中，车辆上和充电站上的充电插头处于锁止状态。

图 5-3-1　电动版 SMART453 车上充电基础设备

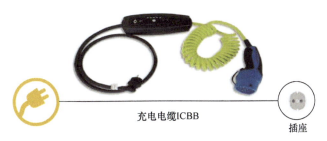

图 5-3-2　充电电缆 ICBB

4. 电池防盗报警装置（EDW）开关

如果维修盖板已打开，则电池防盗报警装置（EDW）开关（S85/4）会探测到这种状态，并转发至电驱动控制单元。电驱动控制单元在这种情况下便会中断动力电池的充电过程。因此，关闭的维修盖板是成功执行充电过程的一个必要条件。电池防盗报警装置（EDW）开关位于散热器下方的左侧。

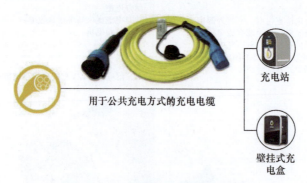

图 5-3-3　公共充电方式的充电电缆

5. 电力线网关（PLGW）控制单元

为了实现智能充电功能，在 SMART fortwo 电动版中引入了电力线网关（PLGW）控制单元。PLGW 控制单元使用车辆信息和充电基础设施，以便优化充电过程。PLGW 控制单元通过车载智能信息系统 CAN 与车载智能信息服务通信模块连接，从而能够与戴姆勒车辆后援端（Daimler Vehicle Backend）交换数据，例如可以调出客户费率表或发送充电模式。参与充电过程的所有其余部件都已通过电传动控制器区域网络（CAN）联网。在这里可以交换关于动力电池充电状态的信息以及充电过程的附加限制。

6. 充电器供电插座

7 芯插座有 5 个用于交流电压供电的高电压触点（L1、L2、L3、N 和 PE），以及两个用于控制引导信号（CP）和接近信号（PP）的信号触点，如图 5-3-4 所示。车辆通过 CP 触点与充电站进行数据交换，通过 PP 触点识别插入的充电电缆。在带 7kW 车载充电器的车辆上只使用高电压触点 L1、N 和 PE。在插座上面安装了一个 LED 指示灯，指示充电过程的状态。如果充电电缆已正确连接，则充电插头被锁止。

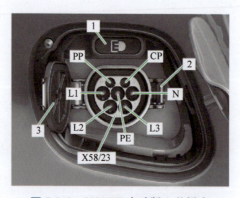

图 5-3-4　SMART 电动版 7 芯插座
充电器供电插座（X58/23）ECE
1—充电状态LED指示灯　2—保护盖解锁机构　3—充电器供电插座保护盖
CP—控制引导信号　L1—L1相　L2—L2相（仅22kW车载充电器）　L3—L3相（仅22kW车载充电器）
N—零线　PE—保护性接地导体（Protective Earth）　PP—接近信号　X58/23—充电器供电插座

二、比亚迪 e2

比亚迪 e2 充电系统示意图如图 5-3-5 所示；交流充电（最大 6.6kW）主要是通过交流充电桩、壁挂式充电盒，以及家用供电插座接入交流充电口，通过充配电总成（车载充电器）将交流电转为高压直流电给动力电池充电；直流充电（无升压功能）主要是通过充电站的充电柜将高压直流电直接通过直流充电口给动力电。

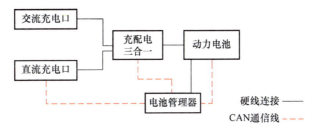

图 5-3-5　比亚迪 e2 充电系统示意图

比亚迪 e2 交流充电口分总成布置在右后侧围，直流充电口分总成布置在前格栅，交流、直流充电接口位置如图 5-3-6 所示。

图 5-3-6　比亚迪 e2 交流、直流充电接口位置

交流充电口总成如图 5-3-7 所示：通过家用 220V 插座和交流充电盒接入交流充电口，通过车载充电设备将高压交流电转为高压直流电给动力电池充电。

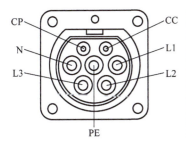  

L1：A相	PE：地线	CC与PE阻值	
L2：B相(空)	CC：充电连接确认	3.3kW及以下充电盒	680Ω/1500Ω
L3：C相(空)	CP：充电控制	7kW充电盒	220Ω
N：中性线	/	VTOL	/

图 5-3-7　交流充电口总成

直流充电口总成如图 5-3-8 所示：通过直流充电柜将高压直流电通过直流充电口给动力电池充电。

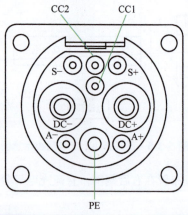

A−(低压辅助电源负)	S−(CAN−L)
A+(低压辅助电源正)	S+(CAN−H)
CC2(直流充电感应信号，枪口CC2−PE，1kΩ)	
CC1(车身地) 1kΩ±30Ω	

图 5-3-8　直流充电口

CC1 用于充电柜确认充电枪是否插好（充电口端有 1kΩ 电阻）；CC2 用于车辆确认充电枪是否插好（充电枪端有 1kΩ 电阻）。

比亚迪 e2 直流充电路线为：CC1→充电柜输出压电源→电池管理系统（BMS）得电→CC2→CAN 通信→充电柜输出高压电。注意：低压控制端没有直流充电接触器，直接由充电柜唤醒 BMS。

三、吉利新能源

吉利帝豪 EV300/EV350/EV450 充电系统从功能上分为快充、慢充、低压充电和制动能量回收四项。快充系统由直流充电口（带高压线束）、动力电池组成；慢充系统由交流充电口（带高压线束）、车载充电机、动力电池等组成。车载充电机、交流充电口、直流充电口及高压线束。EV450 的充电系统组成原理框图如图 5-3-9 所示，车载充电机低压线束插接器及端子定义如表 5-3-1 所示。

吉利帝豪 GSe 电动汽车充电系统从类型上可分为外接充电系统和内部充电系统。其中外接充电系统包括直流快充充电系统和交流慢充充电系统。内部充电系统包括低压电源充电、智能控制内部充电及制动能量回馈充电。

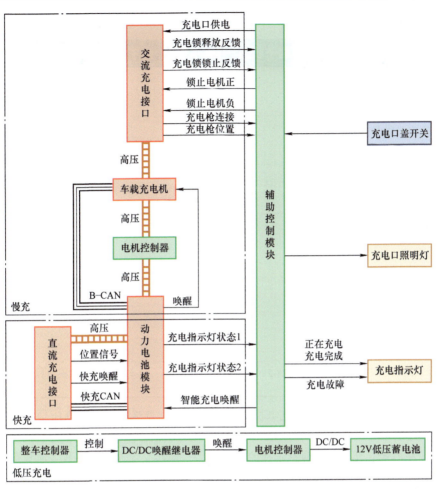

图 5-3-9 吉利帝豪 EV450 充电系统组成原理框图

表 5-3-1 车载充电机低压线束插接器及端子定义

BV10 车载充电机低压线束连接器

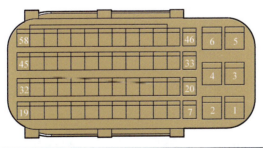

端子号	端子定义	颜色	端子状态	端子号	端子定义	颜色	端子状态
4	KL30	R		19	唤醒	0.5Y/B	慢充唤醒信号
6	接地	B		26	高压互锁入	W	
17	充电口温度检测1地	B/W		27	高压互锁出	Br/B	

(续)

端子号	端子定义	颜色	端子状态	端子号	端子定义	颜色	端子状态
30	电子锁状态	W/R		49	对应灯具4脚	O/G	
34	充电口温度检测1	B/Y		50	CP信号检测	V/B	
39	CC信号检测	O		54	CAN-L	L/B	
41	对应灯具2脚	P/B		55	CAN-H	Gr/O	
44	电子锁正极	W/L		57	电子锁负极	W/B	
47	对应灯具3脚	L					

注:端子号 1-3、5、7-16、18、20-25、28-29、31-33、35-38、40、42-43、45-46、48、51-53、56、58 为空。

吉利帝豪GSe充电系统由车载充电机、交流充电口、直流充电口、高压导线等组成,如图5-3-10所示。充电系统组成原理框图如图5-3-11所示。交流充电口安装在车身右前侧;直流充电口安装在车身左后侧。充电时,根据选择的充电类型,连接交流充电插头或直流充电插头到相应的充电插座,连接正确后开始充电。充电口连接后形成回路,当出现连接故障时,系统可以检测到故障。

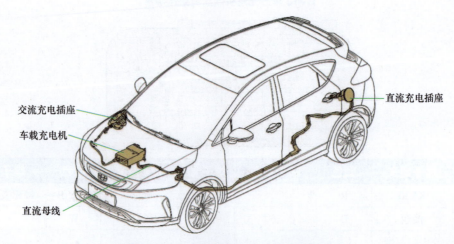

图 5-3-10 吉利帝豪 GSe 充电系统组成

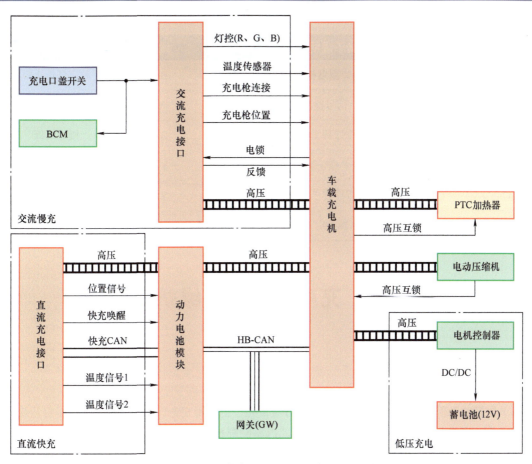

图 5-3-11 吉利帝豪 GSe 充电系统组成原理框图

车载充电机低压线束插接器及端子定义如表 5-3-2 所示。

表 5-3-2 车载充电机低压线束插接器及端子定义

BV10 充电机控制器线束连接器

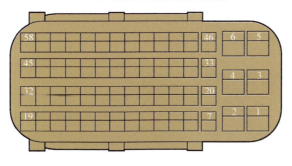

端子号	线色	端子说明	端子号	线色	端子说明
4	R/L	蓄电池电源	26	W/O	高压互锁输入
6	B	接地	27	W/P	高压互锁输出
17	W/G	充电口温度检测接地	30	Br/W	电子锁状态

（续）

端子号	线色	端子说明	端子号	线色	端子说明
34	W/P	充电口温度检测	49	B/G	对应灯具4脚
39	Y/R	CC信号检测	50	O	交流充电控制输出
41	L/Y	对应灯具2脚	54	G/V	接总线低
44	Y/G	电子锁正极	55	Y/V	接总线高
47	O/L	对应灯具3脚	57	Y/R	电子锁负极

注：端子号 1-3、5、7-16、18-25、28-29、31-33、35-38、40、42-43、45-46、48、51-53、56、58 为空。

第26天 充电系统基本维护及检查

一、充电口盖开关状态

充电口盖开关状态检测方法：
1）当充电口盖板打开时，仪表充电指示灯应常亮，当关闭充电口盖时仪表充电指示灯应熄灭。
2）检查充电口盖能否正常开启或关闭。北汽新能源EV200慢充接口内、外盖如图5-4-1所示。

如果充电口盖出现问题，车辆将无法正常起动。

图5-4-1 北汽新能源EV200慢充接口内、外盖

二、车载充电机维护及检查

1. 检查与维护车载充电机外观

检查车载充电机外观,查看是否有明显碰撞磕碰痕迹,外壳有无变形及破损,必要时进行更换。

2. 检测与维护车载充电机连接线束

检查车载充电机各连接线束有无破损、裂缝,高低压连接是否牢固,有无松动。车载充电机连接线束如图5-4-2所示。

3. 检查车载充电机的紧固螺栓

检查车载充电机紧固螺栓有无锈蚀,紧固力矩是否足够。

4. 检查车载充电机风扇

检查车载充电机风扇转动是否灵活(图5-4-3),挡风圈上是否有异物,必要时清洁风扇外表面。

11. 车载充电系统检查保养

图 5-4-2　车载充电机连接线束

图 5-4-3　车载充电机风扇

5. 检查车载充电机冷却管路检测

检查车载充电机冷却管路连接处是否出现液体泄漏及渗出(部分车型使用风冷冷却)。

6. 检测车载充电机的绝缘性能

检测车载充电机的绝缘性能,需要绝缘电阻表测量绝缘电阻值。检测时测量车载充电机中带电电路与外壳之间的绝缘电阻值。

7. 检查车载充电机工作状态

检查车载充电机工作时,充电指示灯是否正常。

三、快充口绝缘维护及检查

1)佩戴已检查的绝缘手套,穿上绝缘鞋。

2)将绝缘电阻表档位旋至1000V。

3)依次打开快充接口外盖、内盖。

4)用绝缘电阻表检测快充接口DC/DC+端子与车身之间的绝缘电阻,绝缘电阻值应大于20MΩ;检测快充接口DC/DC-端子与车身之间的绝缘电阻,绝缘电阻值应大于20MΩ。快充接口DC/DC+端子和DC/DC-端子如图5-4-4所示。

图 5-4-4 快充接口
A—DC/DC-端子　B—DC/DC+端子

第6章

驱动系统

第 27 天　电机基础知识

一、电机作用

电机是电动汽车的核心部分之一。在电动汽车上，驱动电机是实现电能与机械能相互转换的装置，它既可以将电能转化为机械能驱动汽车行驶，也可作为发电机将机械能转化为电能储存在动力电池内。

电机控制器将动力电池的高压直流电变换为驱动电机的高压三相交流电，使驱动电机产生驱动转矩，并通过传动装置将驱动电机的旋转运动传递给车轮，驱动汽车行驶。驱动电机动力传输示意图如图 6-1-1 所示。

12. 新能源汽车驱动系统

图 6-1-1　驱动电机动力传输示意图

驱动电机不仅可以驱动车辆行驶，而且可以进行制动能量回收。驱动电机在制动、缓慢减速时，整车控制器发出相应指令，使驱动电机转换为发电机发电工况。此时驱动电机会将车辆动能变换为电能，通过电机控制器以电能的形式向动力电池充电。驱动电机制动能量回收示意图如图 6-1-2 所示。

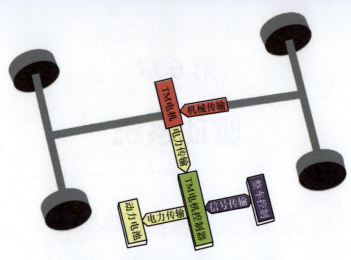

图 6-1-2 驱动电机制动能量回收示意图

二、电机分类

电机按电流性质可分为直流电机和交流电机两大类：直流电机是指通入定子绕组中的电流是直流电；交流电机是指通入定子绕组中的电流是交流电。电机分类如图 6-1-3 所示。

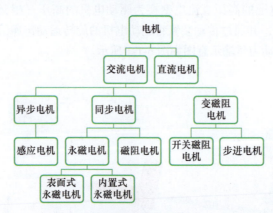

图 6-1-3 电机分类

驱动电机是电动汽车的核心部件之一。对于电动汽车的驱动电机来说，目前应用的主要是三相交流异步电机（感应电机）和三相交流永磁同步电机，因此本章主要讲解这两种电机，但是对于大多数电机来说其工作原理是类似的。

同步电机与异步电机最大的区别在于它们的转子速度与定子速度（旋转磁场速度）是否一致，同步同速、异步差速。两种电机的定子绕组是一样的，区别在于转子结构。异步电机的转子是短路封闭的绕组，靠电磁感应产生电流，继而产生与定子排斥的电磁场，驱动转子旋转。同步电机的转子有直流绕组，通过集电环引入外加电流产生磁场。

三、电机型号

在技术文件中常使用电机型号名称来准确识别电机。电机型号名称由尺寸规格代号、电机类型代号、信号反馈元件代号、冷却方式代号和预留代号等部分组成，如图 6-1-4 所示。

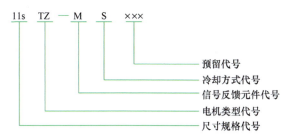

图 6-1-4 电机型号名称示例

1. 尺寸规格代号

尺寸规格代号一般采用定子铁心的外径来表示,对于外转子电机,采用外转子铁心外径来表示。

2. 电机类型代号

电机类型代号及含义见表 6-1-1。

表 6-1-1 电机类型代号及含义

代号	含义	代号	含义
TF	方波控制型永磁同步电机	YR	异步电机(绕线转子)
TZ	正弦波控制型永磁同步电机	Y	异步电机(笼型)
KC	开关磁阻电机	Z	直流电机

注:其他类型电机的类型代号由企业参考 GB/T 4831—2016《旋转电机产品型号编制方法》进行规定。

3. 信号反馈元件代号

信号反馈元件代号及含义见表 6-1-2。

表 6-1-2 信号反馈元件代号及含义

代号	含义	代号	含义
M	光电编码器	X	旋转变压器
H	霍尔元件	W	无传感器

4. 冷却方式代号

冷却方式代号及含义见表 6-1-3。

表 6-1-3 冷却方式代号及含义

代号	含义
S	水冷方式
Y	油冷方式
F	强迫风冷方式

注:非强迫冷却方式(自然冷却)不必标注冷却方式。

5. 预留代号

预留代号用英文大写字母或阿拉伯数字组合,其含义由厂家自行确定。

四、驱动电机性能要求

新能源汽车的驱动电机要求能够频繁地起动/停车、加速/减速，低速或爬坡时要求高转矩、低转速，而高速行驶时则要求低转矩、恒功率，并要求有较大的变速范围，因此驱动电机应具有良好的转矩-转速特性。汽车对驱动电机转速与转矩的要求如图6-1-5所示。

由图6-1-5可知，电机在恒转矩区运转范围内效率在0.75~0.85，在恒功率运转范围内效率在0.8~0.9。为适应电动汽车各种行驶工况的负载特性匹配要求，新能源汽车的驱动电机应满足以下要求：

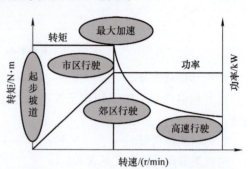

图6-1-5 汽车对驱动电机转速与转矩的要求

1）起动力矩大且过载能力强。新能源汽车即使没有变速器，驱动电机本身应能满足所需的转矩特性。在运行时要满足带负载起步要求，同时在汽车加速和上坡时，还应有较强的短时过载能力。

2）峰值电流限制。峰值电流应小于动力电池最大允许放电电流。

3）调速范围宽。电机需有较宽的调速范围，高、低速各工况才都能高效运行，并保持理想调速特性。

4）调速响应快。提高电机的动态响应性可改善行驶中可控制性能，使车辆操作更顺畅，行驶更稳定。

5）可靠性高。在任何运行工况下都应具有较高的可靠性，以确保车辆安全行驶。

第28天 三相交流同步电机结构原理

一、永磁同步电机基本结构

同步电机分为永磁电机和磁阻电机，下面以永磁同步电机为例介绍三相交流同步电机结构及原理。永磁同步电机主要由定子、转子、壳体、传感器（图中未画出）等组成，如图6-2-1所示。

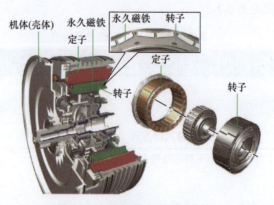

图6-2-1 永磁同步电机结构

1. 定子

定子与普通电机基本相同，由导磁的电枢铁心和导电的电枢绕组构成，如图 6-2-2 所示。电枢铁心一般采用 0.5mm 硅钢冲片叠压而成；对于极数较多电机的电枢绕组，普遍采用分数槽绕组。

产生磁场需要 3 个沿定子铁心对称分布，在空间上互差 120° 电角度的绕组（简称三相绕组），三相绕组通常采用星形联结电路或三角形联结电路，如图 6-2-3 所示。通入三相交流电时，产生旋转磁场。

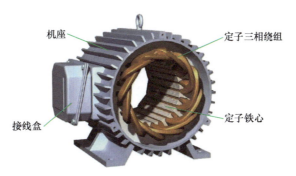

图 6-2-2　永磁同步电机的定子结构

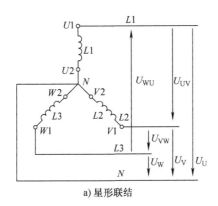
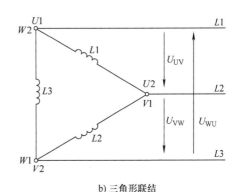

a) 星形联结　　　　　　　　　　　b) 三角形联结

图 6-2-3　交流电机定子接线

2. 转子

转子主要由永磁体、转子铁心、转轴等组成，如图 6-2-4 所示。永磁同步电机主要采用钕铁硼磁铁为永磁体制造材料，电机的磁体体积较原来磁体体积所占空间小，并且没有损耗，不发热，提高了电机的效率。

按永磁体在转子上位置的不同，永磁同步电机的转子磁极结构主要分为两种：表面式和内置式。

（1）表面式转子磁极结构

表面式永磁同步电机转子上的永磁体贴装在转子铁心的表面，表面式结构又分为凸出式和嵌入式 2 种，如图 6-2-5 所示。

表面凸出式转子具有结构简单、制造成本低、转动惯量小等优点。此外，表面凸出式转子结构中的永磁磁极易于实现最优设计，使之成为能使电机气隙磁场密度波形趋近于正弦波的磁极形状，可显著提高电机乃至整个传动系统的性能。

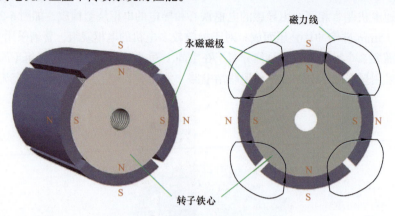

图 6-2-4 永磁同步电机转子结构

（2）内置式转子磁极结构

内置式结构的永磁体位于转子内部，永磁体外表面与定子铁心内圆之间有铁磁物质制成的极靴，极靴中可以放置铸铝笼或铜条笼，起阻尼或起动作用，动、稳态性能好，因此具有较好的异步起动能力或动态性能。内置式转子磁极结构的永磁同步电机有着更为坚固的转子结构，更加适合于高速运行场合。

按照永磁体磁化方向和转子旋转方向的相互关系，内置式转子磁极结构又可分为如图 6-2-6 所示 4 种结构。

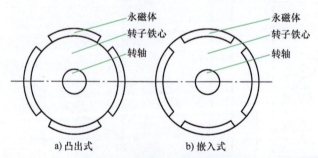

a) 凸出式　　　　　　b) 嵌入式

图 6-2-5 表面式转子磁极结构

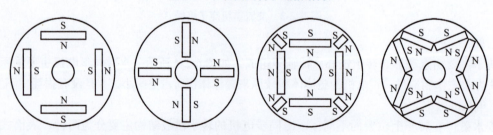

图 6-2-6 内置式转子磁极结构

二、三相交流同步电机原理

三相交流同步电机工作时，定子的三相绕组中通入三相对称电流，转子的励磁绕组通入直流电流。在定子三相对称绕组中通入三相交变电流时，将在气隙中产生旋转磁场。在转子励磁绕组中通入直流电流时，将产生极性恒定的静止磁场，转子磁场因受定子磁场磁力作用而随定子旋转磁场同步旋转，即转子以等同于旋转磁场的速度、方向旋转，这就是三相交流同步的基本原理，如图 6-2-7 所示。

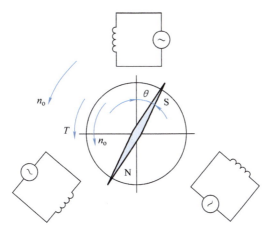

图 6-2-7 三相交流同步的基本原理

永磁同步电机还必须装有转子永磁体位置检测装置，用来检测磁极位置，并以此对电枢电流进行控制，达到对永磁同步电机驱动控制的目的。

旋转变压器结构如图 6-2-8 所示。旋转变压器产生旋变信号，旋变信号的作用是反映电机转子当前的旋转相位，电机控制器再通过旋变信号计算当前的电机转速。旋变转子与驱动电机转子同轴连接，随电机转轴旋转。旋变定子内侧附有感应线圈，安装在驱动电机定子上。驱动电机旋转时，带动旋变转子旋转。旋转变压器与电机控制器通过低压线束连接。

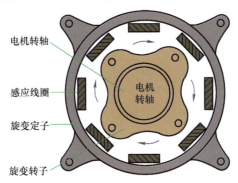

图 6-2-8 旋转变压器结构

第 29 天　三相交流异步电机结构原理

一、三相交流异步电机基本结构

异步电机的种类很多，按转子结构可分为笼型转子异步电机和绕线转子型异步电机；按照定子绕组相数则可分为单相异步电机、两相异步电机和三相异步电机。

三相交流异步电机主要也是由转子和定子两大部分组成的，基本结构如图 6-3-1 所示。在转子和定子之间没有相互接触的部件，结构简单。三相交流异步电机转子的导体电流是感应产生的，因此又被称为感应电机。它是靠同时接入三相交流电流（相位差 120°）供电的一类电机。

图 6-3-1 三相交流异步电机结构

1. 定子

定子主要由定子铁心和定子绕组组成，定子与机座剖视图如图 6-3-2 所示。

定子铁心是三相交流异步电机磁路的一部分，通常采用 0.35~0.5mm 厚的、表面有绝缘层的硅钢片叠制而成，其内圆表面的槽用于镶嵌三相定子绕组。

定子绕组由嵌放在定子铁心槽中的线圈按一定规则连接而成，其作用是产生同步旋转磁场。

2. 转子

转子主要由转子铁心、转子绕组和转轴构成。笼型绕组的转子结构如图 6-3-3 所示。

转子铁心是三相交流异步电机磁路的构成部分，一般采用 0.5mm 厚的硅钢片叠制而成，转子铁心的外圆表面均匀分布的槽用于安装转子绕组。

笼型转子绕组一般在转子铁心的槽内放置裸铜条或铝条，两端用短路环焊接起来，形成闭合回路。

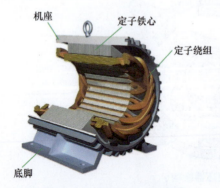

图 6-3-2 定子与机座剖视图

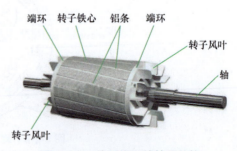

图 6-3-3 笼型绕组的转子结构

3. 气隙

定子与转子之间有一小间隙，称为电机气隙。气隙的大小与异步电机的运行性能有很大关系。功率越大，转速越高，气隙尺寸越大。中、小型异步电机的气隙一般为 0.2~2mm。

二、三相交流异步电机基本原理

在交流异步电机中，三相对称定子绕组流过三相交流电时，在定子绕组中就有励磁电流通过，励磁电流在定子铁心中产生一个圆形旋转磁势。该磁势在电机气隙中形成相应的圆形旋转磁场，如图 6-3-4 所示。该旋转磁场在转子绕组中产生感应电动势，因为转子绕组是闭合回路，所以将产生感应电流，如图 6-3-5 所示，转子载流导体在旋转磁场中产生电磁力，对转轴形成电磁转矩带动转轴转动。

由于三相交流异步电机的转子在定子通电后才产生感应电动势,继而在电磁力的作用下被拖动旋转,所以转子的转速总是低于定子旋转磁场的转速,二者的转速差称为转差,用转差率表示。在额定负载运行时转差率为2%~5%。这也是异步电机名字的由来。

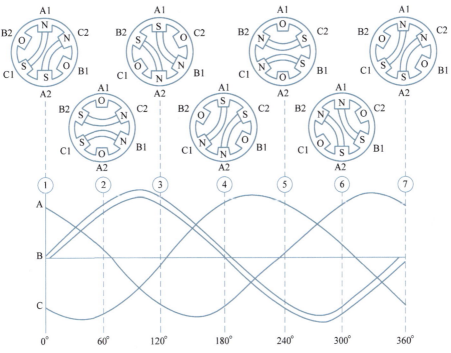

图 6-3-4　不同时刻三相合成旋转磁场的位置

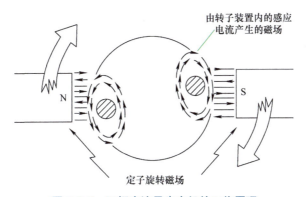

图 6-3-5　三相交流异步电机的工作原理

三、三相感应异步电机的控制系统

改变异步电机供电电压(调压)或改变供电频率(调频),都可以改变电机的转速。因此,异步电机需要电压和频率分别可调的交流电进行驱动,并控制其运行状态。

电动汽车主要采用动力电池组和发电机作为电源,而三相感应异步电机不能直接使用直流电源,另外,三相感应异步电机具有非线性输出特性。因此,在采用三相感应异步电机时,需要应用逆变器中的功率半导体交换器件,将直流电变换为频率和幅值都可以调节的交流电,以实现对感应电机的控制。

异步电机驱动电路有：交-直-交变频系统（图6-3-6a）、交-交变频系统（图6-3-6b）、直-交逆变系统（图6-3-6c）三种基本形式。

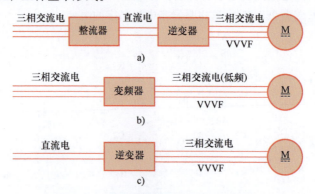

图6-3-6 异步电机驱动电路的三种形式

根据动力系统结构模型的要求，在装有交流发电机的混合动力汽车上，一般采用前两种变频器系统；在纯电动汽车或者燃料电池汽车上，一般采用第三种形式。

四、三相感应异步电机与三相交流永磁同步电机比较

不同于永磁同步电机的转子自带磁场，感应异步电机的转子只是导体，并不带磁场，是通电之后产生了感应磁场才能与定子发生作用。永磁同步电机和感应异步电机的对比见表6-3-1。

表6-3-1 永磁同步电机和感应异步电机的对比

电机类型	三相感应异步电机	三相交流永磁同步电机
优点	单位功率成本低 不会产生退磁 高转速性能好	功率密度高 能量转换效率高，适合低速、高速及复杂工况
缺点	功率密度低 能量转换效率相对较低，复杂工况能耗高	单位功率成本高 温度大幅变化会引发退磁

从两种电机的优缺点上来看，三相感应异步电机相对于高速工况才有较高效率；三相交流永磁同步电机功率密度高，低速、高速工况均处于较高的能量转换效率，故而更适合低速工况较多、频繁起步停车的城市道路。因此，在现在生产的纯电动车型中，永磁同步电机处于主流地位。

第30天 变速器

一、变速器基本概念

虽然汽车采用了大功率的电机来输出更大转矩，但仍需要设置变速器，将电机的转速进行一定的降速并进一步增大转矩，以适应汽车多种工况。

变速器介于驱动电机和驱动半轴之间，驱动电机的动力输出轴通过花键直接与变速器输入轴

齿轮连接。一方面，变速器将驱动电机的动力传给驱动半轴，起到降低转速增大转矩的作用；另一方面，当汽车转弯及在不平路面上行驶时，变速器可以控制左右驱动轮以不同的转速旋转，保证车辆的平稳运行。电动汽车动力传递路线如图6-4-1所示。

串联式混合动力汽车、纯电动汽车、燃料电池电动汽车目前多采用单级减速器，随着未来能耗要求提升，或将发展为多级减速器；并联式混合动力汽车一般采用现有自动变速器进行改造或使用电驱动桥；混联式混合动力汽车一般采用专用的混动变速器。近年来，电动汽

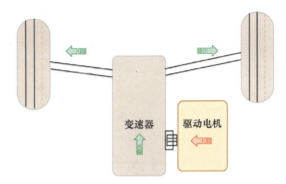

图 6-4-1 电动汽车动力传递路线

车变速器还出现了两档变速器、同轴变速器、集成电子断开差速器的变速器、集成双离合式变速器、三合一（电机、变速器、电机控制器）总成变速器、集成（发动机、电机、发电机）变速器等新型变速器。

二、吉利帝豪 EV450 单速变速器

吉利帝豪 EV450 单速变速器结构如图 6-4-2 所示。主减速比为 8.28∶1，转速器最高输出转矩 2500N·m，减速效率大于 95%，转速范围 ≤ 14000r/min。

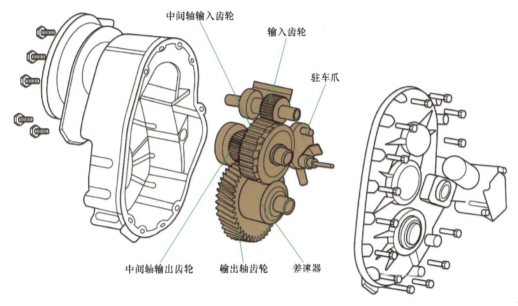

图 6-4-2 吉利帝豪 EV450 单速变速器结构

三、北汽新能源单速变速器

北汽 EV200、EV160、EU260、EX360 电动汽车单速变速器采用左右分箱、两级传动结构设计，具有体积小，结构紧凑的特点；此外，采用前进档和倒档共用结构进行设计，整车倒档通过电机反转实现。该单速变速器的最高输入转速 9000r/min，最大转矩 260N·m，减速比为 7.817，如图 6-4-3 所示。

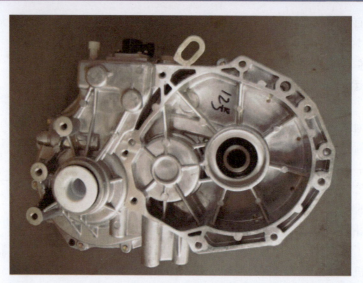

图 6-4-3　北汽 EV200、EV160、EU260、EX360 电动汽车单速变速器

减速器动力传动机械部分是依靠两级齿轮副来实现减速增矩的。其按功用和位置分为四大组件：右箱体、左箱体、输入轴组件、中间轴减速器组件。

动力传递路线为：驱动电机→输入轴→输入轴齿轮→中间轴齿轮→中间轴轴齿轮→差速器半轴齿轮→左右半轴→左右车轮，如图 6-4-4 所示。

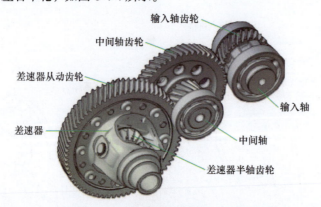

图 6-4-4　北汽 EV200 变速器动力传递路线

四、宝马 i8 混合动力汽车吉凯恩两档变速器

在宝马 i8 混合动力车上应用吉凯恩（GKN）两档变速器，减速比分别为 11.38 和 5.85。图 6-4-5 所示为吉凯恩两档变速器在输入轴上的换档机构。与减速比为 9~10.5 的单档变速器相比，两档变速器的低速档减速比设置为 11~12，满足加速和爬坡性能，而且所需电机最大转矩可以降低；高速档减速比设置为 5~9，满足最高车速要求，而且所需电机最高转速可以降低。电机最大转矩和最高转速降低，可使得电机小

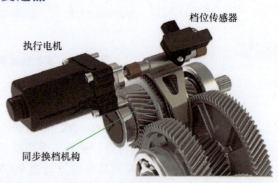

图 6-4-5　吉凯恩两档变速器

型化、轻量化，两档变速器可使电机较多地在最佳效率点运转，降低油耗。

第 31 天　常见车型驱动系统配置

一、比亚迪车系

1. 2018/2019 款比亚迪 e5

2018 款比亚迪 e5 纯电动驱动系统动力总成包括驱动电机和单档变速器，如图 6-5-1 所示，动力总成技术参数见表 6-5-1。电机采用交流永磁同步电机，具有高密度、小型轻量化、高效率、高可靠性、高耐久性、强适应性的特点，同时电机采用水冷方式。电机驱动汽车前进、后退，也可以在滑行、制动过程中将动能转化为电能。

图 6-5-1　比亚迪 e5 纯电动驱动系统动力总成

表 6-5-1　动力总成技术参数

动力总成	技术参数
电机最大输出转矩	310N·m/（0~4929r/min）
电机额定转矩	160N·m/（0~4775r/min）
电机最大输入功率	160kW/（4929~12000r/min）
电机额定功率	80kW/（4775~12000r/min）
电机最大输出转速	12000r/min
电动力总成重量	103kg
总减速比	9.342

比亚迪 e5 电机具体结构包括转子、定子、旋变传感器、冷却液温度传感器，如图 6-5-2 所示。为了达到电机静止起动和全转速范围内转矩波动的控制目的，需要利用旋变传感器（可简称"旋变器"，某些车型称为"轴角传感器"）精确地测量电机转子磁极的位置和速度。

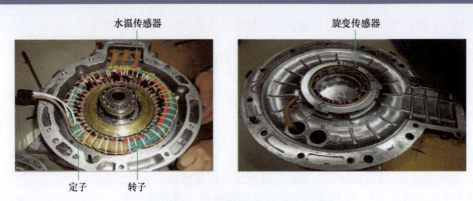

图 6-5-2 比亚迪 e5 电机具体结构

2019 款比亚迪 e5 动力总成采用的是"三合一"结构（图 6-5-3），将电机控制器、驱动电机、变速器组装在一起，电机控制高压线束采用内部连接，外部直接提供高压直流电，大大节省了线束成本，代表了电动化汽车动力总成的主流发展方向。

图 6-5-3　2019 款比亚迪 e5 动力总成（三合一）

"三合一"动力总成的电机交流电源线束和旋变传感器线束直接连接到电机控制器，安装在内部，使线束保护级别更高，如图 6-5-4 所示。

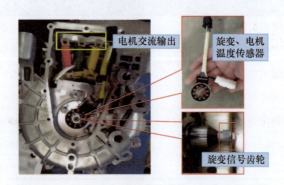

图 6-5-4　三合一动力总成传感器、线束安装位置

"三合一"动力总成技术参数见表 6-5-2。变速器采用的是单级减速器，内部只有一组减速增矩的齿轮组和一个差速器总成。

表 6-5-2 "三合一"动力总成技术参数

项目	技术参数
电机最大功率	100kW
电机最大转矩	180N·m
输入功率	70kW
输入转速	0~12100r/min
减速器最大输入转矩	180N·m
减速器最大输入转速	3714r/min
减速器传动比	10.7

2. 比亚迪 e2/e3

比亚迪 e2/e3 前驱动系统动力总成如图 6-5-5 所示，采用 70kW 级"三合一"电驱动系统总成。高度集成后的驱动系统减少了复杂的机械结构和连接关系，实现了轻量化设计，结构紧凑，成本低，总成传动效率高，从而有利于降低整车能耗。比亚迪 e2/e3 的驱动电机类型为高功率永磁同步电机，最高效率可达 97%。比亚迪 e2/e3 前驱动动力总成技术参数见表 6-5-3。

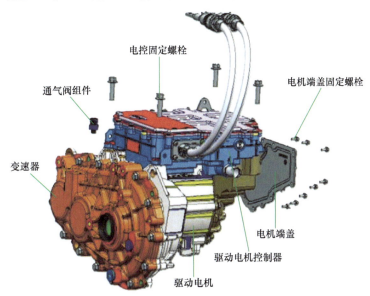

图 6-5-5 比亚迪 e2/e3 前驱动系统动力总成

表 6-5-3 比亚迪 e2/e3 前驱动系统动力总成技术参数

项目	技术参数
电机最大输出转矩	180N·m
电机额定转矩	70N·m
电机最大输入功率	70kW
电机额定功率	35kW

（续）

项目	技术参数
电机最大输出转速	12100r/min
电机总成重量	64kg
变速器润滑油量	0.7~0.8L
工作电压	220~500V
低压工作电压	9~16V

比亚迪 e2/e3 前驱动动力总成功能原理图如图 6-5-6 所示。"电驱动三合一"从整车控制器获得整车的需求信号，从动力电池包获得电能，经过电机控制器的调制获得控制电机所需要的电流和电压；提供给电机后，使电机的转速和转矩满足整车的要求，比如控制驱动电机的起动、运行、进退、速度、停止，以及电动汽车其他电子器件的核心控制器件。它承担了数据交换、安全管理、驾驶员意图解释和能量流管理的任务，具有提高车辆的动力性能、安全性能和经济性等作用。

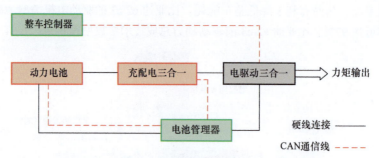

图 6-5-6　比亚迪 e2/e3 前驱动动力总成功能原理图

驱动电机控制器主要具有以下功能：采集转矩请求信号、旋变信号等控制电机正向、反向驱动，正、反转发电功能；具有高压输出电压和电流控制限制功能，具有电压跌落、过电流、过温、智能功率模块（IPM）过温、绝缘栅双极型晶体管（IGBT）过温保护、功率限制、转矩控制限制等功能。同时具备能量回馈控制、主动泄放、被动泄放控制，如图 6-5-7 所示。

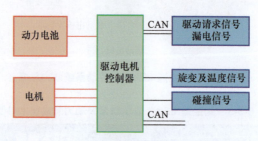

图 6-5-7　驱动电机控制器功能原理图

3. 比亚迪宋 MAX DM 车型

比亚迪宋 MAX DM 车型驱动系统采用 BYDT65-2 变速器总成（图 6-5-8），主要包括双离合主变速器、电机、减速器三大部分，电机功率可达 110kW。其中，外置模块的主要功能是在纯电动模式下为齿轮提供润滑，执行换档操作。

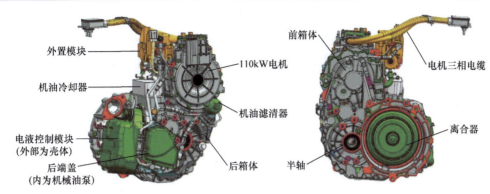

图 6-5-8　BYDT65-2 变速器总成

4. 全新一代比亚迪唐 DM

全新一代比亚迪唐 DM 采用双电机的驱动方式,能实现以全时四驱行驶。

(1) 前驱动电机

全新一代比亚迪唐 DM 前驱动电机采用永磁同步电机,电机与变速器(6 速双离合变速器)固装在一起,如图 6-5-9 所示。前驱动电机的性能参数见表 6-5-4。

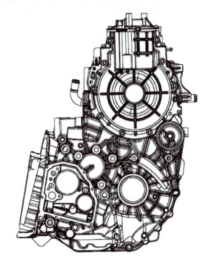

图 6-5-9　比亚迪唐 DM 前驱动力总成

表 6-5-4　比亚迪唐 DM 前驱动电机的性能参数

项目	技术参数
电机最大输出转矩	250N·m
电机最大输出功率	110kW
电机最大输出转速	12000r/min
电机散热方式	水冷
电机重量	51kg(包括变速器箱体)

（2）后驱动电机

全新一代比亚迪唐 DM 后驱动力总成如图 6-5-10 所示。后置电机同样采用永磁同步电机，由外圈的定子与内圈的转子组成，是汽车的动力源之一，向外输出转矩，驱动汽车前进、后退；同时也可以作为发电机发电。例如在滑行、制动过程中，发动机输出的额外转矩的势能或者动能通过电机转化为电能存储。比亚迪唐 DM 后驱动电机的性能参数见表 6-5-5。

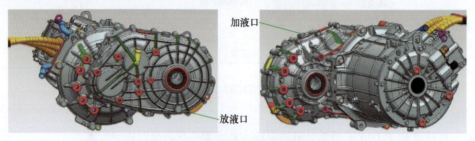

图 6-5-10 比亚迪唐 DM 后驱动力总成

表 6-5-5 比亚迪唐 DM 后驱动电机的性能参数

项目	技术参数
电机最大输出转矩	380N·m
电机最大输出功率	180kW
电机最大输出转速	12000r/min
电机散热方式	水冷
电机重量	68kg

二、北汽新能源

1. 北汽 EV200、EU260

北汽 EV200 电动汽车采用永磁同步电机作为驱动电机，其驱动电机系统由驱动电机（DM）、电机控制器（MCU）构成，通过高低压线束、冷却管路与整车其他系统进行电气和散热连接，如图 6-5-11 所示。

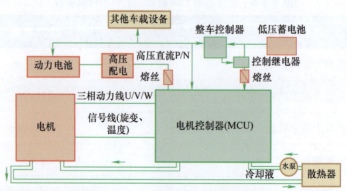

图 6-5-11 北汽 EV200 系统连接示意图

北汽 EV200 电动汽车采用的驱动电机，具有效率高、体积小、质量轻及可靠性高等优点，是动力系统的重要执行机构，是电能与机械能转化的部件。电机自身的运行状态等信息可以被采集到驱动电机控制器，依靠内置传感器来提供电机的工作信息，这些传感器包括：

1）旋转变压器：用以检测电机转子位置，控制器解码后可以获知电机转速。

2）温度传感器：用以检测电机的绕组温度，控制器可以保护电机避免过热。

北汽 EV200 驱动电机的结构如图 6-5-12 所示。

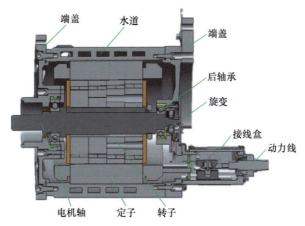

图 6-5-12　北汽 EV200 驱动电机的结构

2. 北汽 EX360

北汽 EX360 驱动系统进行了升级，它搭载了功率更大的永磁同步电机，最大功率 80kW，最大转矩 230N·m，电机最高效率高达 96.5%，具体参数见表 6-5-6。其驱动电机与减速器总成采用花键刚性连接，减速器采用内花键，驱动电机采用外花键。减速器总成与驱动电机采用 8 颗螺栓固定连接，如图 6-5-13 所示。

表 6-5-6　北汽 EX360 驱动电机性能参数

项目	性能参数
额定功率	40kW
额定转矩	116N·m
基本转速	3300r/min
电机重量	45kg
防护等级	1P67
电机型号	TZ220XS420
峰值功率	80kW
峰值转矩	230N·m
最高转速	9000r/min
电机最高效率	96.5%

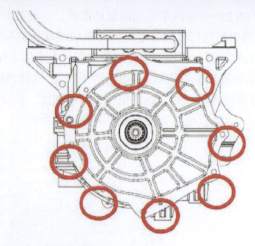

图 6-5-13 北汽 EX360 驱动电机

三、吉利帝豪 PHEV

吉利帝豪 PHEV 动力变速器内集成了双驱动电机 E1、E2，2 个电机布置在动力合成箱的同一侧，均为内置式永磁同步交流电机。驱动电机 E1 与小太阳轮同轴连接，驱动电机 E2 与大太阳轮同轴连接。动力合成箱如图 6-5-14 所示，它在车上的位置如图 6-5-15 所示。

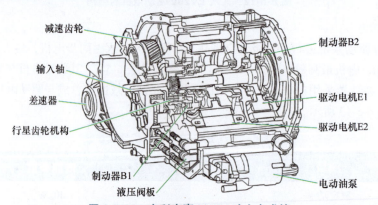

图 6-5-14 吉利帝豪 PHEV 动力合成箱

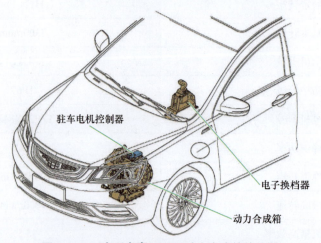

图 6-5-15 吉利帝豪 PHEV 动力合成箱的位置

吉利帝豪 PHEV 驱动电机采用独特的冷却方式——定子端部绕组油冷喷淋，同时转子支架内部油道对转子直接冷却；双电机最高效率均可达到 95% 以上，调速范围宽，输出转矩大，过载能力强；双电机均可用于电驱动状态及发电状态运行，且可通过弱磁控制达到较大的调速范围，实现转速/转矩控制模式转换。

吉利帝豪 PHEV 驱动系统动力传递路线如图 6-5-16 所示。该系统为复合行星齿轮动力分流系统，以拉维娜行星齿轮机构为基础，将驱动电机 E1 和 E2 分别与两个太阳轮连接，发动机与行星架连接，齿圈作为输出轴驱动车辆行驶。动力由发动机和大小电机输出，经过行星齿轮系实现动力的耦合分流，由齿圈输出到减速齿轮上，经减速后传至差速器，再分配给两驱动半轴以驱动车辆行驶。

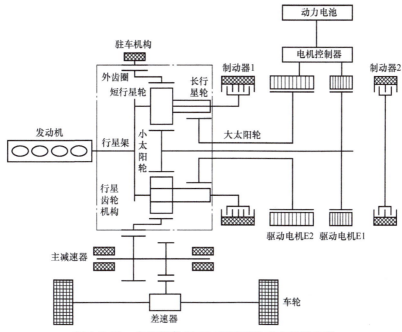

图 6-5-16　吉利帝豪 PHEV 驱动系统动力传递路线

四、丰田凯美瑞混合动力车型

丰田凯美瑞混合动力车型驱动系统有 MG1、MG2 两个电机/发电机，均为紧凑、轻型和高效的交流永磁电机，用来驱动车辆和提供再生制动。两个电机/发电机与复合齿轮式驱动机构封装在一起，构成动力驱动桥，如图 6-5-17 所示。

丰田凯美瑞混合动力车型驱动单元部件安装位置如图 6-5-18 所示，驱动单元的零件名称及作用见表 6-5-7。

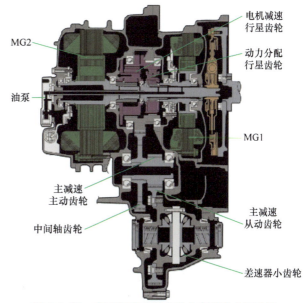

图 6-5-17　丰田凯美瑞混合动力车型动力驱动桥

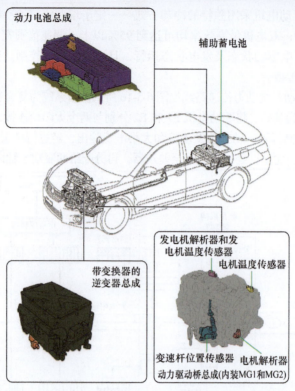

图 6-5-18 丰田凯美瑞混合动力车型驱动单元部件安装位置

表 6-5-7 驱动单元的零件名称及作用

零件名称		作用
MG1		由发动机驱动并产生高压电,以供电运行 MG2 和/或对动力电池充电,还可以作为起动机来起动发动机。此外,MG1 还能有效地控制动力驱动桥的无级变速功能
MG2		由来自 MG1 和/或动力电池的电力驱动产生前轮原动力;制动过程中,或未踩下加速踏板时,将车辆产生的电力对动力电池再充电(再生制动)
复合齿轮机构	动力分配行星齿轮	按比例分配发动机驱动力以直接驱动车辆及 MG1
	电机减速行星齿轮	位于 MG2 和动力分配行星齿轮之间,电机减速行星齿轮降低 MG2 的转速,以增加转矩
解析器		MG1 和 MG2 各自都配备解析器;将电机的转速发送到电机/发电机 ECU(MG ECU)
温度传感器		MG1 和 MG2 各自都配备温度传感器;测量 MG1 和 MG2 的温度
变速杆位置传感器		将变速杆位置转换为电信号,并将其传送到混合动力车辆控制 ECU

五、特斯拉 Model S

2019 款特斯拉 Model S 长续驶版前轴搭载的是永磁同步电机,后轴搭载的是交流异步电机,如图 6-5-19 所示。同时搭载两种电机技术,满足了不同电机在不同工作状态时上的技术优势。前轴搭载的是经过优化的偏向于低速高效率的永磁同步电机,最大输出功率为 202kW,最大转矩为 404N·m,当车速处于中低速时,控制单元输出指令使永磁同步电机进行工作。后轴搭载的是偏向于高速性能的交流异步电机,最大输出功率为 285kW,最大转矩为 440N·m。需要高速工况时,双电机同时进行工作,以提供强大的加速性能;当减速时,控制单元根据制动需求进行电机调配。普通制动由永磁同步电机进行制动能量回收,急减速则由双电机同时提供制动转矩,并且同时回收能量。

图 6-5-19 特斯拉 Model S 长续驶版双电机配置

六、本田思铂睿、雅阁混动车型

i-MMD 是 Intelligent Multi-Mode Drive(高效节能双电机混合动力系统)的简称,为混联式混合动力系统。本田思铂睿、雅阁等混动车型均使用了这一驱动系统。电动动力系统由电子无级变速器(ECVT)内的两个高压电机、前舱内的动力控制单元(PCU)以及后舱内的动力电池组成,如图 6-5-20 所示。

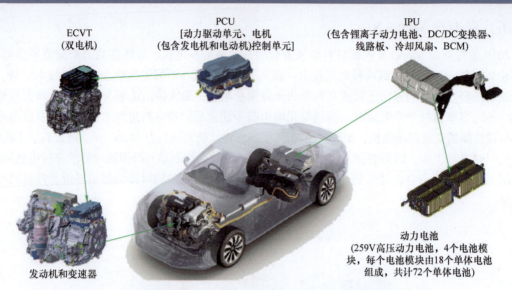

图 6-5-20　本田 i-MMD 系统组成（2017 款思铂睿混动）

i-MMD 系统核心是由双电机组成的电子无级变速器（ECVT），外观如图 6-5-21 所示。ECVT 通过齿轮传动、电机、发电机的组合实现车辆的前进、后退，两种动力都是通过变速器内部齿轮机构进行动力传递的。

图 6-5-21　电子无级变速器（ECVT）外观

电子无级变速器由发电机、电机、超越离合器、输入轴、电机轴、发电机轴、副轴、减速器主动齿轮、减速器从动齿轮等组成，如图 6-5-22 所示。其中，超越离合器是改变发动机动力流向的工作部件，从而实现在驱动车轮或驱动发电机之间切换。当超越离合器不闭合时，发动机驱动发电机工作，为动力电池充电或直接为电机供电；当超越离合器分离时，发动机驱动车辆工作。

本田 i-MMD 系统可分为纯电动模式、增程模式、发动机驱动模式和混合驱动模式。其中混合驱动模式在低负载巡航即发动机驱动模式的基础上，车辆工况由低负载巡航转变为高负载时，系统启用混合驱动模式。在此模式下，由发动机驱动车辆的同时起动电动驱动系统，与发动机一起驱动车辆。混合驱动模式示意图如图 6-5-23 所示。

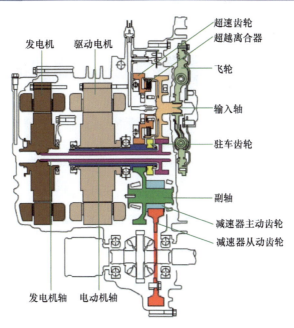

图 6-5-22 电子无级变速器的组成

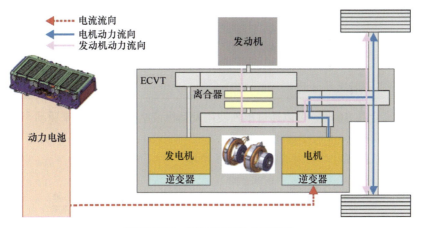

图 6-5-23 混合驱动模式示意图

七、大众/奥迪混动车型

1. 大众途观 L PHEV 和帕萨特 GTE

途观 L PHEV 和帕萨特 GTE 驱动系统结构相同，驱动电机同为永磁同步电机，调校参数有所不同。驱动电机安装在发动机和 6 档双离合变速器之间，可以单独驱动车辆，也可以和发动机一起驱动车辆。同时还承担了起动发动机和发电机的任务。

途观 L PHEV 和帕萨特 GTE 驱动电机结构如图 6-5-24 所示，电机参数见表 6-5-8。

驱动电机安装在原双离合变速器总成的前部。系统共包含三个膜片离合器，两个行驶离合器和一个分离离合器。两个行驶离合器 K1 和 K2 将电驱动装置的驱动电机 V141 与两个分变速器连接到一起。分离离合器 K0 连接或断开驱动电机与发动机。所有的三个离合器都是依靠压力机油运行的。

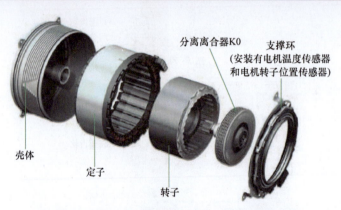

图 6-5-24 途观 L PHEV 和帕萨特 GTE 驱动电机结构

表 6-5-8 途观 L PHEV 和帕萨特 GTE 驱动电机参数

车型	项目	参数	车型	项目	参数
途观 L PHEV	额定电压 / V	320	帕萨特 GTE	额定电压 / V	320
	峰值转矩 / N·m	330		峰值转矩 / N·m	330
	持续转矩 / N·m	170		系统最大转矩（发动机一起工作）/（N·m）	400
	峰值功率 / kW	85		峰值功率 / kW	85
	持续功率 / kW	55		系统最大功率（发动机一起工作）/ kW	160
	最高工作转速 /（r/min）	6200		最高工作转速 /（r/min）	7000

在闭合分离离合器 K0 时，可以通过单独使用发动机或结合驱动电机来驱动车辆，也可以通过驱动电机来起动发动机。

由驱动电机组成的混合动力模块如图 6-5-25 所示。

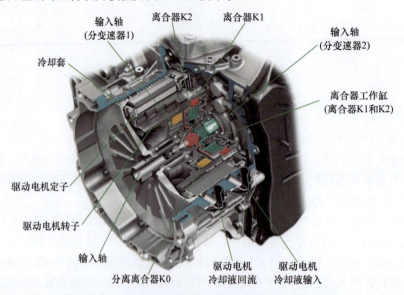

图 6-5-25 途观 L PHEV 和帕萨特 GTE 混合动力模块

2. 奥迪 e-tron

奥迪 e-tron 车上使用的驱动电机是异步电机。每个电机的主要部件有：带有 3 个呈 120°布置铜绕组（U、V、W）的定子以及铝制笼型的转子，转子把转动传入变速器。为了能达到一个较高的功率密度，静止不动的定子与转动着的转子之间的气隙就得非常小。电机与变速器合成一个车桥驱动装置。

车桥驱动装置有两种不同类型，其区别体现在电机相对于车桥的布置上。前桥上采用平行轴式异步电机来驱动车轮，其外观见图 6-5-26，技术数据见表 6-5-9。后桥则采用同轴式异步电机来驱动车轮，其外观见图 6-5-27，技术数据见表 6-5-10。前桥和后桥上每个交流驱动装置都有一根等电位线连接车身。

图 6-5-26 前桥交流驱动装置

表 6-5-9 奥迪 e-tron 前桥异步电机技术特点及参数

特点	技术数据
结构形式	平行轴式异步电机
转子类型	内转子
冷却	水冷
额定电压（DC）/V	360
持续功率（30min，在 7000r/min 时）/kW	70
峰值功率（10s）/kW	135
持续功率下的转矩 / N·m	95
峰值功率下的转矩 / N·m	309

图 6-5-27 后桥交流驱动装置

表 6-5-10　奥迪 e-tron 后桥异步电机技术特点及参数

特点	技术数据
结构形式	同轴式异步电机
转子类型	内转子
冷却	水冷
额定电压（DC）/V	360
持续功率（30min，在 7000r/min 时）/kW	90
峰值功率（10s）/kW	165
持续功率下的转矩 /N·m	130
峰值功率下的转矩 /N·m	355

3. 奥迪 A3 e-tron

奥迪 A3 e-tron 驱动总成如图 6-5-28 所示。电机采用永磁同步电机，电机最大功率达 175kW，最大转矩 330N·m。奥迪 A3 e-tron 是奥迪家族首个纯电动行驶里程达到 50km 的车型。

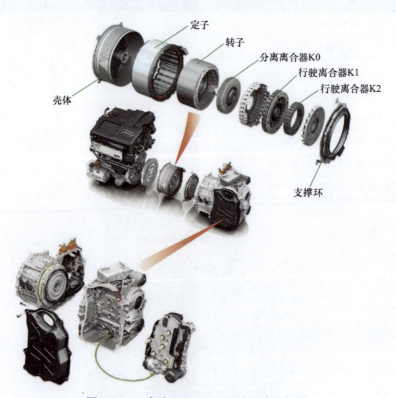

图 6-5-28　奥迪 A3 e-tron 驱动总成分解图

在混合动力模块上，驱动电机转子位置传感器和驱动电机温度传感器将数据传给电驱动装置的功率和控制电子系统。奥迪 A3e-tron 混合动力工作原理图如图 6-5-29 所示。

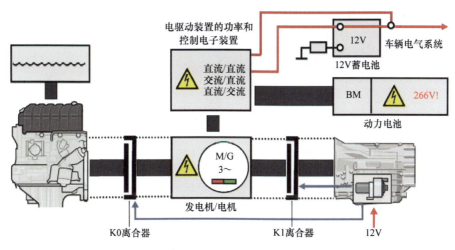

图 6-5-29　奥迪 A3e-tron 混合动力工作原理图

奥迪 A3e-tron 采用的是前横置安装的 6 档双离合变速器（图 6-5-30），前轮驱动。驱动总成整体包含有被冷却水套包围着的电驱动装置的电机、变速器部分和离合器部分的离合器 K1 和 K2 以及离合器 K0。K0 位于双质量飞轮的次级质量一侧，将电驱动装置的电机与内燃机连接在一起。离合器 K1 和 K2 会将两种动力的全部功率继续传递到 2 个分变速器上。K0、K1 和 K2 这三个离合器都是湿式离合器，由变速器的机电一体控制模块来操控。

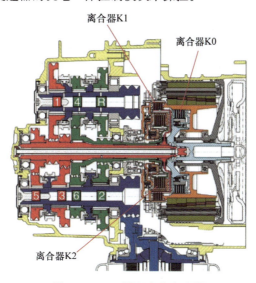

图 6-5-30　6 档双离合变速器

八、宝马新能源

1. 宝马 X1 F49 PHEV

宝马 X1 F49 PHEV 车型驱动电机是一款内转子永磁同步电机。该电机安装在后桥上，通过后轮纯电力驱动可达到 120km/h 的最大速度，通过 eBOOST 功能还可以为发动机提供辅助动力。电机在车辆制动或滑行模式下将动能转换为电能，并输送至动力电池，为动力电池充电（能量回收）。

宝马 X1 F49 PHEV 驱动电机安装位置如图 6-5-31 所示，驱动电机参数如表 6-5-11 所示。

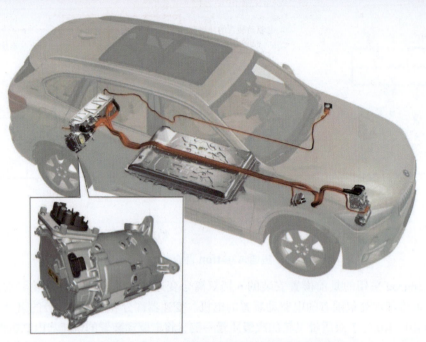

图 6-5-31　宝马 X1 F49 PHEV 驱动电机安装位置

表 6-5-11　宝马 X1 F49 PHEV 驱动电机参数

项目	参数	单位
持续功率	28	kW
最大功率	65	kW
最大转矩	165	N·m
最大转矩下的转速	0~2900	r/min
转速区间	0~14000	r/min
允许电压	225~360	V
最大电流	420	A
重量	31.3	kg

2. 宝马 F18 PHEV（530Le）

宝马 F18 PHEV（530Le）车型驱动电机安装在发动机与变速器之间，取代了原自动变速器的液力变矩器。电机类型同样为永磁同步电机。宝马 F18 PHEV（530Le）插电式混合动力系统是并联式混合动力系统，发动机和驱动电机均与驱动轮机械连接。车辆驱动时，两个驱动系统都能单独使用也能同时使用。当需要单独使用电力驱动时，发动机必须与驱动电机断开连接，这一功能通过一个分离离合器来实现。分离离合器固定集成在电机壳体中，为湿式多片离合器。分离离合器具有很高的调节精度，这样就不会感觉到发动机的连接和断开。一旦分离离合器接合，电机、变速器输入轴和发动机就以相同的转速旋转。

宝马 F18 PHEV（530Le）车型驱动电机安装位置如图 6-5-32 所示，驱动电机参数如表 6-5-12 所示。

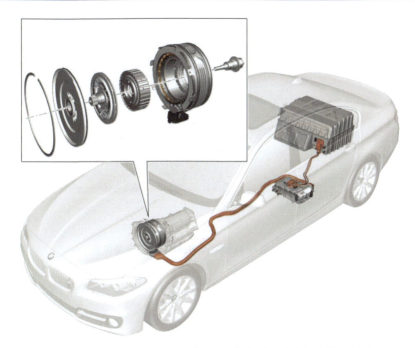

图 6-5-32　宝马 F18 PHEV（530Le）车型驱动电机安装位置图

表 6-5-12　宝马 F18 PHEV（530Le）车型驱动电机参数

项目	参数	单位
持续功率	32	kW
最大功率	70	kW
最大转矩	250	N·m
最大转矩下的转速	0~2700	r/min
转速区间	0~7200	r/min
最大电流	450	A
重量	26	kg

3. 宝马 i 系列

宝马 i 系列是宝马在德国总部发布的独立子品牌，该品牌主要代表着新能源汽车和新的移动解决方案。i 系列车型主要以插电式混合动力和纯电动技术作为驱动技术，i 系列成为宝马集团旗下最环保的品牌系列车。宝马 i 品牌中最先推出了 i3 和 i8 两款车型。i3 分为纯电动版和增程版，两者均装备了最大功率 125kW、最大转矩 250N·m 的永磁同步电机，增程款还增加了个双缸发动机和一个发电机作为增程器。宝马 i3 驱动电机和增程器安装位置如图 6-5-33 所示。

宝马 i8 是一款超级混合动力跑车。采用了两套高效的驱动装置。由一台高效的 3 缸 1.5T 涡轮增压中置发动机配合一个 6 档自动变速器进行后桥驱动。由一个电机配合一个 2 档手动变速器进行前桥驱动。这种首次在宝马车系中采用的车桥混合动力形式，在没有附加组件的情况下实现了可独立调节的四轮驱动系统。前桥和后桥驱动力矩相互协调可确保传动系统高效性能，可根据不同行驶情况进行具体调节。宝马 i8 驱动系统布置如图 6-5-34 所示，宝马 i8 驱动电机参数如表 6-5-13 所示。

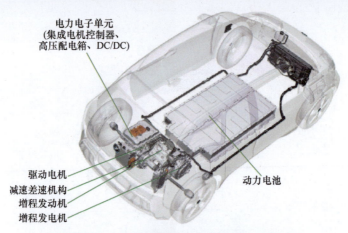

图 6-5-33　宝马 i3 驱动电机和增程器安装位置

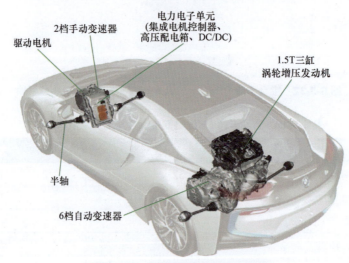

图 6-5-34　宝马 i8 驱动系统布置图

表 6-5-13　宝马 i8 驱动电机参数

项目	参数	单位
最大持续功率	75	kW
最大峰值功率	96（最长持续时间 5s）	kW
最大转矩	250	N·m
最大转矩下的转速	0~5000	r/min
转速区间	0~11400	r/min
最大电流	400	A
额定电压	360	V
重量	49.5	kg

九、路虎揽胜 P400e 混动车型

2018 款路虎揽胜运动版 P400e 搭载 2.0T 涡轮增压发动机和一个永磁同步电机，该电机 / 发电机最大功率 85kW，最大转矩 275N·m，应用 8 速手自一体变速器，综合转矩可达 640N·m。路虎

揽胜 P400e 混合动力驱动总成位于变速器壳体的前方，如图 6-5-35 所示。

图 6-5-35　电机/发电机（MG）位置

混合动力驱动总成包括：电机/发电机（MG）和发动机断开离合器。电机/发电机的剖视图如图 6-5-36 所示。

发动机断开离合器位于 MG 内，通过机电一体控制阀体内的电磁阀操作。在选择纯电动模式时，分离离合器从变速器上断开发动机。通过从变速器上分离发动机，分离操作将会降低纯电动模式下的能量损失。然后，在纯电动模式下，发动机将会熄火。

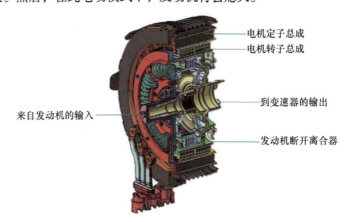

图 6-5-36　电机/发电机（MG）剖视图

MG 的运行由电力变频变换器（EPIC）以及动力传动系统控制模块（PCM）进行控制。EPIC 根据需要在电机和发电机两个角色之间切换 MG 的操作。电力变频变换器外观及安装位置如图 6-5-37 所示。

当需要 MG 作为电机时，EPIC 向 MG 中的 3 相绕组提供高压交流电（AC）。3 相交流电（AC）的相位由 EPIC 利用来自 3 个 MG 位置传感器的信号数据控制。

当需要 MG 作为发电机时，MG 生成 3 相高压交流电（AC）并通过 3 相电缆传输至 EPIC。

图 6-5-37　电力变频变换器外观及安装位置

第 32 天　驱动系统基本维护与检查

一、驱动电机检查

1. 检查驱动电机外观

① 检查驱动电机表面是否有油渍，是否存在漏液现象，驱动电机外观如图 6-6-1 所示。

图 6-6-1　驱动电机外观

② 检查驱动电机上水管与下水管有无裂纹和泄漏。
③ 目测车身底部保护层，检查驱动电机是否有磕碰、损坏。
④ 检查驱动电机高压插接器或各类传感器插接件是否紧固。
⑤ 目测驱动电机表面是否有的灰尘、油泥，可用高压气枪或干布对驱动电机的外观进行清洁。

2. 检查三相定子绕组

使用数字式万用表，分别测量驱动电机三相定子绕组间的电阻值，两两之间的电阻值应小于 1Ω，并且三相定子绕组分别与电机壳体绝缘，如图 6-6-2 所示。

14. 电机减速机构检测与维修

图 6-6-2　测量定子绕组之间的电阻值

3. 检查驱动电机绝缘情况

测量驱动电机搭铁绝缘，首先要查看驱动电机铭牌，根据电机的额定电压选择合适的绝缘电阻表，将黑表笔搭铁，红表笔分别测量驱动电机三相端子，测得的电阻值无穷大为正常。

> **注意**
>
> 测量驱动电机三相绝缘前，首先要对绝缘电阻表进行检验，确定绝缘电阻表合格后才能进行测量。

4. 检查温度传感器

比亚迪 e5 温度传感器及端子定义如图 6-6-3 所示。在 10 ~ 40℃温度下，测量温度传感器电阻时，用电阻表分别连接 3 和 6 端子，查看电阻表显示的电阻值是否在 50.04 ~ 212.5kΩ 范围内。

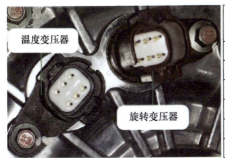

温度传感器端子号	定义	旋转变压器端子号	定义
1		1	exc+
2		2	cos+
3	温度传感器：红+	3	sin+
4		4	exc−
5		5	cos−
6	温度传感器：黑+	6	sin−

图 6-6-3 比亚迪 e5 温度传感器和旋转变压器及其端子定义

5. 检查旋转变压器电阻值（旋变信号故障）

比亚迪 e5 旋转变压器及端子定义见上图 6-6-3。在常温下，测量励磁电阻时，用电阻表分别连接 1、4 端子，查看电阻表显示的电阻值是否在标准值的范围内；同理，可测量正弦、余弦电阻值。旋转变压器测量项及表标准值见图 6-6-4。

测量项	标准值/Ω
励磁电阻	6.5±2
正弦电阻	12.5±4
余弦电阻	12.5±4

图 6-6-4 旋转变压器测量项及标准值

二、减速器检查与维护

目测减速器外部是否有磕碰、变形、漏油的情况。检查差速器半轴防尘套密封情况，如图 6-6-5 所示，检查防尘套有无破损、漏油，防尘套紧固卡环有无松动。

图 6-6-5　检查差速器半轴防尘套密封情况

对于初期保养，减速器磨合后，建议行驶 3000km 或 3 个月后更换润滑油，以后进行定期维护。其维护保养应在整车特约维修点进行。建议维护周期见表 6-6-1。

表 6-6-1　减速器建议维护周期

行驶里程/km	1万	2万	3万	4万	5万	6万	7万	8万
使用月数	6	12	18	24	30	36	42	48
维护方法	B	H	B	H	B	H	B	H

注：B 为在维护保养检查，必要时更换润滑油；H 为换润滑油。

第 7 章

冷却系统

第 33 天　动力电池冷却系统

新能源汽车动力电池作为汽车的动力源，其充电、放电的发热会一直存在。动力电池的性能和电池温度密切相关。为了尽可能延长动力电池的使用寿命并获得最大功率，需在规定温度范围内使用动力电池。原则上在 −40～55℃ 范围内（实际电池温度）动力电池单元处于可运行状态。因此，目前的新能源动力电池单元都装有冷却装置。目前应用在动力电池上的冷却方式主要有空调制冷剂冷却式、风冷式、水冷式 3 种形式。

一、空调制冷剂冷却式

在高端电动汽车中，动力电池内部有与空调系统连通的制冷剂循环回路。宝马 i8/i3 空调系统的制冷剂循环回路由两个并联支路构成：一个用于车内冷却，一个用于动力电池单元冷却。每条支路都有一个膨胀阀和截止组合阀，用于相互独立地控制冷却功能。

蓄能器管理电子装置可通过施加电压控制，并打开动力电池单元上的膨胀阀和截止组合阀，这样可使制冷剂流入动力电池单元内，在此膨胀、蒸发和吸收环境热量。车内冷却同样根据需要来进行。蒸发器前的膨胀阀和截止组合阀同样可用电气方式进行控制，由电机电子装置（EME）进行控制。宝马 i8 动力电池冷却系统原理如图 7-1-1 所示。

二、水冷式

水冷式动力电池冷却系统是使用特殊的冷却液在动力电池内部的冷却液管路中流动，将动力电池产生的热量传递给冷却液，从而降低动力电池的温度。

冷却系统分为两个独立的系统，分别是电机控制器/驱动电机冷却系统、高压电池包冷却系统。

冷却系统利用热传导的原理，通过冷却液在各个独立的冷却系统回路中循环，使驱动电机、电机控制器和动力电池包保持在最佳的工作温度。冷却液是 50%（质量分数）的水和 50%（质量分数）的有机酸（OAT）的混合物，需要定期更换才能保持其最佳效率和耐腐蚀性。

动力电池冷却系统结构如图 7-1-2 所示，主要由膨胀水箱、软管、冷却水泵、动力电池冷却器等组成。

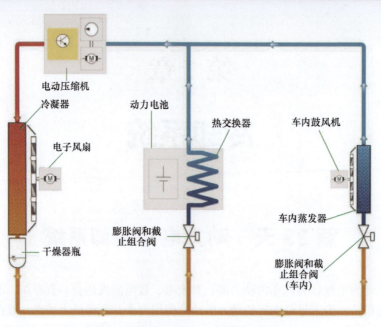

图 7-1-1 宝马 i8 动力电池冷却系统原理

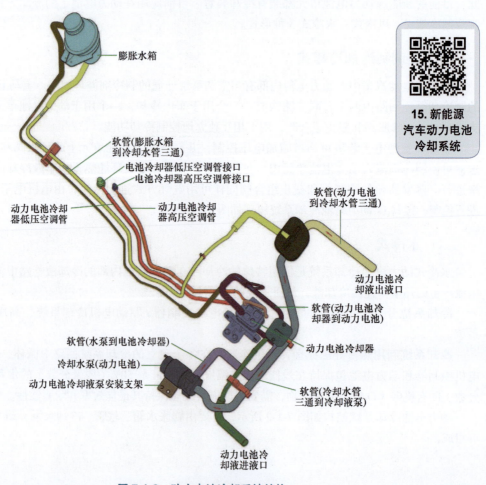

图 7-1-2 动力电池冷却系统结构

15. 新能源汽车动力电池冷却系统

① 膨胀水箱。膨胀水箱装有泄压阀,安装在电机控制器托盘上,溢流管连接到电池冷却器的出液管上,出液管连接在冷却水管三通上。

② 软管。橡胶冷却液软管在各组件间传送冷却液,弹簧卡箍将软管固定到各组件上。动力电池冷却系统软管布置在前舱内和后舱地板总成下。

③ 冷却液泵。动力电池冷却系统冷却液泵通过安装支架,并由2个螺栓固定在车身底盘上,经由它的运转来循环动力电池冷却系统。

④ 动力电池冷却器是动力电池冷却系统的一个关键部件,它负责将动力电池维持在一个适当的工作温度,使动力电池的放电性能处于最佳状态。动力电池冷却器主要由热交换器,带电磁阀的膨胀阀,管路接口和支架组成。热交换器主要用于动力电池冷却液和制冷系统的制冷剂的热交换,将动力电池冷却液中的热量转移到制冷剂中。

动力电池冷却系统冷却液循环如图7-1-3所示。动力电池冷却系统控制图如图7-1-4所示。

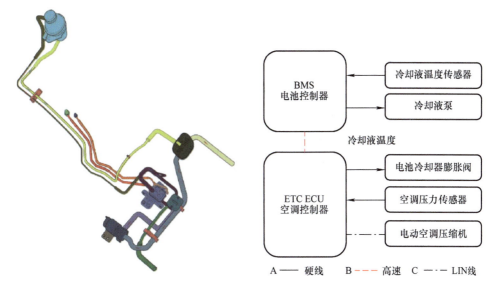

图 7-1-3　动力电池冷却系统冷却液循环　　　图 7-1-4　动力电池冷却系统控制图

BMS负责控制电动冷却液泵,电动冷却液泵会在动力电池温度上升到32.5℃时开启,在温度低于27.5℃时关闭,BMS发出要求动力电池冷却器膨胀阀关闭和冷却液泵运转的信号。

空调控制器收到来自BMS的膨胀阀电磁阀开启的信号要求,空调控制器首先打开动力电池冷却器膨胀阀的电磁阀,并给电动空调压缩机发起动信号。动力电池最适宜温度值为20~30℃。

正常工作时,当动力电池的冷却液温度在30℃以上时,空调控制器会限制乘客舱制冷量,冷却液温度在48℃以上,空调控制器会关闭乘客舱制冷功能,但除霜模式除外。

空调控制器只控制冷却液温度。BMS控制冷却液与BMS动力电池内部的热量交换。当车辆进入快速充电模式时,空调控制器会被网关模块唤醒。此时,动力电池冷却系统进入正常工作状态。

三、风冷式

风冷式动力电池冷却系统是利用冷却风扇将来自乘员舱内部的空气吸入动力电池箱,以冷却动力电池以及动力电池的控制单元等部件。

丰田普锐斯、凯美瑞(混动版)、卡罗拉双擎、雷凌双擎采用风冷式动力电池冷却系统,如

图 7-1-5 所示。

乘员舱内部的空气通过位于后窗台装饰板上的进气管流入,向下流经动力电池或 DC/DC 变换器(混合动力车辆变换器),以降低动力电池和 DC/DC 变换器(混合动力车辆变换器)的温度,空气通过排气管从车内排出。

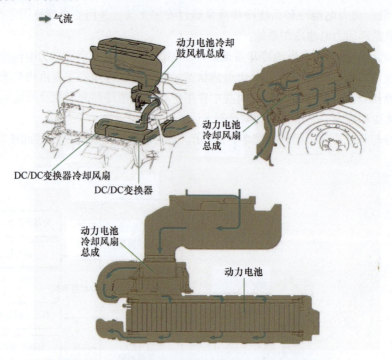

图 7-1-5　丰田混合动力车型风冷式动力电池冷却系统

广汽传祺 AG 电动汽车同样采用风冷式动力电池冷却系统,如图 7-1-6 所示。

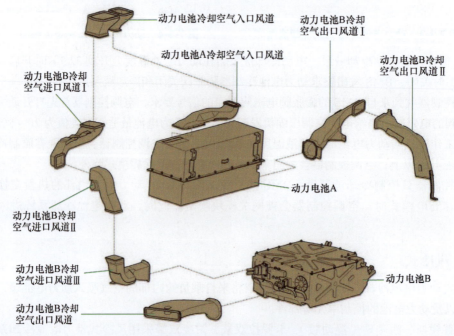

图 7-1-6　广汽传祺 AG 电动汽车动力电池冷却系统

乘员舱内部的空气通过位于后窗装饰板上的进气管流入，向下流经动力电池，以降低动力电池温度，然后经过 BMS、总正负继电器等电气元件，降低各元件温度后，通过排气管将空气排出车内。

冷却风扇为直流低电压风扇，配备独立的 DC/DC 变换器；当冷却风扇工作时，电流从动力电池流出经过 DC/DC 变换器将 350V 直流高压电变换成 12～16V 的直流低压电，据供给冷却风扇。

动力电池 A 和 B 的冷却路径如图 7-1-7 所示。

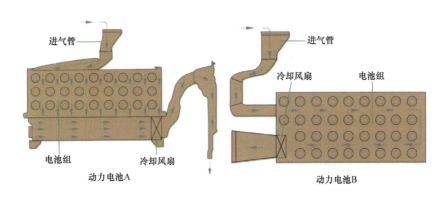

图 7-1-7　动力电池 A 和 B 的冷却路径

动力电池 A 冷却路径：乘员舱内部的空气通过位于后窗台装饰板上的进气管流入，向下流经动力电池，以降低动力电池的温度，然后经过 BMS、总正负继电器等，降低电气元件的温度后，空气被冷却风扇抽出通过排气管从车内排出。

动力电池 B 冷却路径：乘员舱内部的空气通过位于后窗装饰板上的进气管流入，向下流经动力电池，以降低动力电池的温度，然后经过 BMS、总正负继电器等，降低电气元件的温度后，空气被冷却风扇抽出通过排气管从车内排出。

第 34 天　驱动电机冷却系统

一、驱动电机冷却系统原理及作用

电机作为电动汽车的驱动动力源，可实现极低排放或零排放。电动汽车在驱动与回收能量的工作过程中，电机定子铁心、定子绕组在运动过程中都会产生损耗，这些损耗以热量的形式向外发散，需要有效的冷却介质及冷却方式来带走热量，保证电机在一个稳定的冷、热循环平衡的通风系统中安全可靠运行。电机冷却系统设计的好坏将直接影响电机的安全运行和使用寿命。

比亚迪 e6 车型驱动电机冷却系统原理如图 7-2-1 所示。

电动汽车驱动电机与控制器的冷却系统主要依靠冷却液泵带动冷却液在冷却管道中循环流动，通过在散热器的热交换等物理过程，冷却液带走电机与控制器产生的热量。为使散热器热量散发更充分，通常还在散热器后方设置风扇。

16. 新能源汽车驱动电机冷却系统

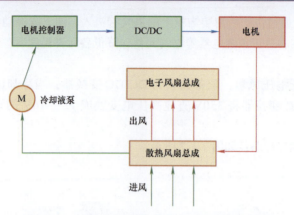

图 7-2-1 比亚迪 e6 车型驱动电机冷却系统原理

二、驱动电机冷却系统的分类

电机在工作时，总是有一部分损耗转变成热量，它必须通过电机外壳和周围介质不断将热量散发出去，散发热量的过程称为冷却。电机主要冷却方式有自然冷却、风冷和水冷，各类型冷却系统组成和特点及应用见表 7-2-1。

表 7-2-1 各类型冷却系统组成和特点及应用

类型	详情
自然冷却	自然冷却依靠电机铁心自身的热传递，散发电机产生的热量，热量通过封闭的机壳表面传递给周围介质，其散热面积为机壳的表面积，为增加散热面积，机壳表面可制出冷却筋 结构简单，不需要辅助设施就能实现，但自然冷却效率差，仅适用于转速低、负载转矩小、电机发热量较小的小型电机
风冷	电机自带同轴风扇来形成内风路循环或外风路循环，通过风扇产生足够的风量，带走电机所产生的热量。介质为电机周围的空气，空气直接送入电机内，吸收热量后向周围环境排出 冷却效果好；可使用风冷却器，采用循环空气冷却器避免腐蚀物和磨粒，有利于提高电机的使用寿命；结构相对简单，电机冷却成本较低。但受环境因素的制约，在恶劣的工业环境中，例如高温、粉尘、污垢和恶劣的天气下无法使用风冷。风冷适用于常用于一般清洁、无腐蚀、无爆炸物环境下的电机
水冷	水冷是将冷却液通过管道和通路引入定子或转子空心导体内部，通过循环的冷却液不断的流动，带走电机转子和定子产生的热量，达到对电机的冷却功能 冷却效果比风冷更显著。但是，需要良好的机械密封装置，冷却液循环系统结构复杂，存在渗漏隐患，如果发生冷却液渗漏，会造成电机绝缘破坏，可能烧毁电机；水质需要处理，其电导率、硬度和 pH 值都有一定的要求 水冷式电机主要应用于大型机组和高温、粉尘、污垢等恶劣环境下无法使用自然冷却、风冷型电机的场合，如纺织、冶金、造纸等行业使用的电机

第35天　常见车型冷却系统配置

一、吉利帝豪 GSe 电动汽车

吉利帝豪 GSe 电动汽车冷却系统主要组成部件有动力电池冷却系统、驱动电机、车载充电机、电机控制器、热交换集成模块、电动水泵、膨胀水箱、散热器、散热器风扇，如图 7-3-1 所示。其冷却系统的部件和功能见表 7-3-1。

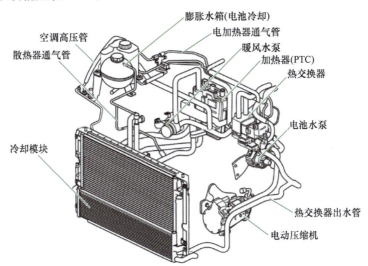

图 7-3-1　吉利帝豪 GSe 电动汽车冷却系统部件

表 7-3-1　冷却系统部件和功能

部件	功　能
电动水泵	冷却系统含有两个电动水泵，分别为电池水泵和电机水泵，由低压电路驱动，为冷却液的循环提供压力
膨胀水箱	膨胀水箱总成通过水管与散热器连接。随着冷却液的温度逐渐升高并膨胀，部分冷却液因膨胀而从散热器和各件中流入膨胀水箱总成。散热器和冷却液道中滞留的空气也被排入膨胀水箱总成 车辆停止后，冷却液自动冷却并收缩，先前排出的冷却液则被吸回散热器。从而使散热器中的冷却液一直保持在合适的液面，并提高冷却效率 当冷却系统处于冷态时，冷却液面应保持在膨胀水箱总成上的 MIN（最低）和 MAX（最高）标记之间
冷却风扇	冷却风扇总成安装在机舱内散热器的后部，它可增加散热器和空调冷凝器的通风量，从而有助于加快车辆低速行驶时的冷却速度 风扇采用双风扇，高低速的控制模式，通过两个不同的电机驱动风扇扇叶。冷却风扇由整车控制模块（VCU）利用冷却风扇低速继电器和冷却风扇高速继电器直接控制，在低速电路中，采用串联调速电阻的方式来改变风扇的转速
冷却液	采用的冷却液为符合 SH0521 要求的电机用乙二醇型电机冷却液（防冻液），冰点 ≤ -40℃
热交换集成模块	热交换器集成模块通过水管与 PTC 加热器、暖风水箱、动力电池以及驱动电机冷却系统连接，并且通过制冷剂管与空调主机和冷凝器连接，由热管理控制器控制，负责控制整车冷却、制冷、加热系统间的热量交换，提高冷却效率

该车电池包内部采用水冷方式热交换，如图 7-3-2 所示。通过电池散热器与热交换管理模块实现对电池的冷却和加热，保证电池可以正常高效工作。冷却系统的作用就是通过冷却液循环散热为动力电池进行散热，并且通过热交换管理模块及整车管路在适当的时候给动力电池加热。

吉利帝豪 GSe 电动汽车驱动电机冷却系统的作用是通过冷却液循环散热为电机控制器、车载充电机、驱动电机、散热器这四大部件进行散热，在电机水泵的驱动下，冷却液在管路中的流向，如图 7-3-3 所示。

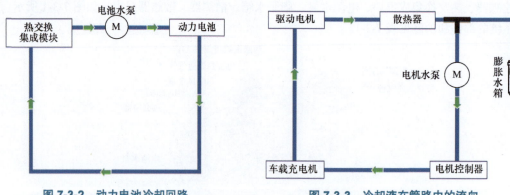

图 7-3-2　动力电池冷却回路　　　　　　图 7-3-3　冷却液在管路中的流向

驱动电机转子高速旋转会产生高温，热量通过机体传递，如果不加以降温，驱动电机无法正常工作，所以驱动电机机体内设置有冷却液道，通过冷却液的循环与外界进行热交换。这样能将驱动电机的工作温度保持在一定范围内，防止驱动电机过热。

车载充电机工作时将高压交流电变换成高压直流电，其变换过程中会产生大量的热量，因此车载充电机内部也有冷却液道，通过冷却液的循环降低车载充电机的工作温度。

电机控制器不但控制驱动电机的高压三相供电，还要将动力电池的高压直流电变换成低压直流电为铅酸蓄电池充电。在此过程中也会产生热量，需要通过冷却液循环散热。

吉利帝豪 GSe 冷却系统控制原理图如图 7-3-4 所示。

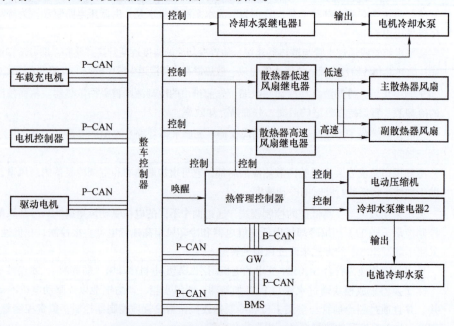

图 7-3-4　吉利帝豪 GSe 冷却系统控制原理图

二、广汽传祺 GA3S PHEV

广汽传祺 GA3S PHEV 电机控制器冷却系统主要有电动冷却液泵、散热器、膨胀水箱、冷却管路等组成。冷却系统主要为车载充电机和电机控制器（电机控制器集成有发电机控制器、驱动电机控制器、DC/DC 变换器等电子元件）冷却降温。广汽传祺 GA3S PHEV 电机控制器冷却系统如图 7-3-5 所示。

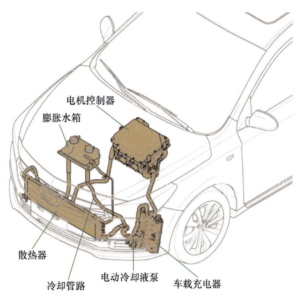

图 7-3-5　广汽传祺 GA3S PHEV 电机控制器冷却系统

车辆起动后，电机控制器冷却系统的冷却液泵开始工作，冷却系统的冷却液开始循环。当冷却系统的温度下降到一定条件后，冷却液泵的转速降低，输出功率较小。当温度上升到一定条件后，冷却液泵的转速又开始提高，高功率输出，循环冷却液管路中的冷却液。广汽传祺 GA3S PHEV 电机控制器冷却液循环示意图如图 7-3-6 所示。

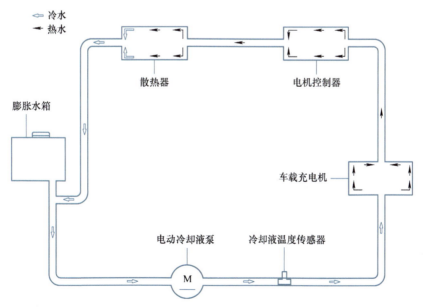

图 7-3-6　广汽传祺 GA3S PHEV 电机控制器冷却液循环示意图

三、宝马 F18（530LE）

为了在任何工况下都能确保宝马 530LE 驱动电机的冷却效果，在冷却系统中使用电动冷却液泵，并将冷却液泵连接到发动机的冷却液管路中，宝马 530LE 发动机和电机冷却液循环路径如图 7-3-7 所示。

为了冷却定子绕组，在定子支架和自动变速器壳体之间有一个冷却通道，冷却液通过该通道从发动机冷却回路中流出。冷却通道分别通过两个密封环向前和向后密封。变速器油进行转子的冷却，油雾状的变速器油吸收热量，并在变速器油冷却器上将热量排到大气中。

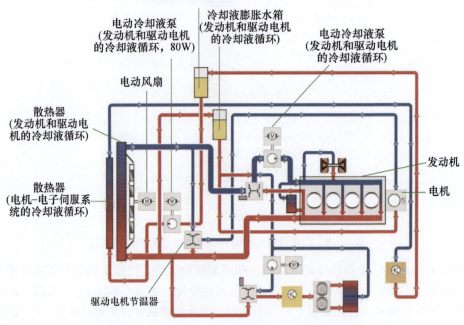

图 7-3-7　宝马 530LE 发动机和电机冷却液循环路径

驱动电机自带一个节温器，将冷却液流进温度调到约 80℃的最佳范围。由于电机工作温度低于发动机工作温度，因此这种调节是必要的。节温器通过一个石蜡恒温元件进行调节，该石蜡恒温元件根据冷却液温度膨胀。此时不存在电机温度控制。节温器工作原理如图 7-3-8 所示。节温器工作状态及冷却液循环路径见表 7-3-2。

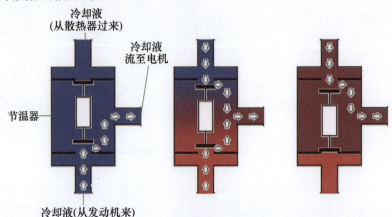

图 7-3-8　节温器工作原理

表 7-3-2 节温器工作状态及冷却液循环路径

状态	详情
节温器关闭	冷却液温度较低时,节温器是关闭的,例如,在暖机阶段中就是这种情况。此时,节温器堵住散热器内的冷却液,将发动机的冷却液输送到电机。通过这种方式可迅速达到最佳工作温度
节温器部分打开	由于发动机冷却液温度高,节温器因此部分打开。这导致来自发动机的高温冷却液与来自散热器的低温冷却液相互混合。在连接电机的冷却液供给管路中以这种"混合模式"自行调节冷却液温度,基本等于约80℃的最佳温度范围
节温器完全打开	如果散热器的冷却液温度额外上升,节温器就完全打开。例如,当发动机节温器打开大冷却液循环时,就会出现这种情况。由于额外升温,节温器关闭来自发动机的冷却液管路。现在,来自散热器的所有冷却液都流入电机中

四、比亚迪新能源车型冷却系统

1. 比亚迪 e5

比亚迪 e5 动力电池冷却系统主要由电池冷却液储液罐总成、电池热管理控制器总成、电池冷却水泵总成、电池冷却换热器总成、连接管路、空调系统构成。动力电池冷却系统部件在车上的位置如图 7-3-9 所示。

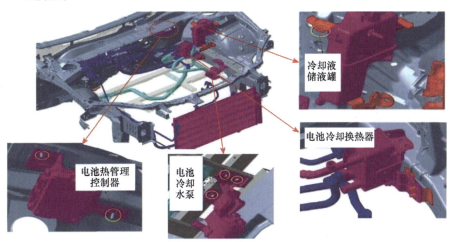

图 7-3-9 动力电池冷却系统部件在车上的位置

动力电池冷却系统工作原理如图 7-3-10 所示,由空调控制器、PTC、压缩机、水冷控制器组成空调子网络。该动力电池冷却系统水冷工作的温度条件是电池包温度 35℃以上,具有两种工作模式,一是单节电池温度相差小于 5℃时,进行自然水冷工作;二是动力电池包温度超过 35℃时,进行空调冷却模式工作,到 33℃后停止。

在原有空调系统基础上增加一路冷却回路。在原有系统上增加了换热器总成、膨胀阀、水泵、冷却液储液罐。电池包产生的热量经冷却管路、换热器总成进入空调回路,空调系统再经散热器将热量散出去。比亚迪 e5 动力电池冷却系统回路如图 7-3-11 所示。

2. 全新一代比亚迪宋 DM/ 比亚迪唐 DM

全新一代比亚迪宋 DM 动力电池冷却系统如图 7-3-12 所示,其相应部件位置如图 7-3-13 所示。

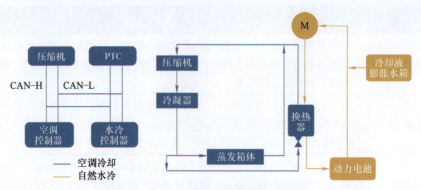

图 7-3-10 动力电池冷却系统工作原理

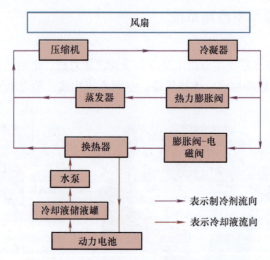

图 7-3-11 比亚迪 e5 动力电池冷却系统回路

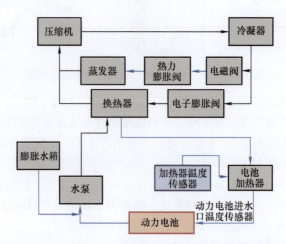

图 7-3-12 全新一代比亚迪宋 DM 动力电池冷却系统

a) 电池冷却及空调管路布置　　　　　　b) 电动冷却水泵

c) 电池冷却热换器总成　　　　　　　　d) 电子膨胀阀

图 7-3-13　全新一代比亚迪宋 DM 动力电池冷却系统部件位置

空调制冷时：电磁阀打开，电子膨胀阀关闭。

电池冷却时：电磁阀关闭，电子膨胀阀打开，且开启水泵。

空调制冷与电池冷却时：电磁阀及电子膨胀阀打开。根据空调目标温度及动力电池进水口的温度，共同控制电动压缩机的转速（或者机械压缩机的开关），且开启水泵。

空调收到 BMS 内循环命令后，空调开启电动水泵。

冷却开启条件：电池最高温度 ≥ 35℃；冷却关闭条件：电池最高温度 ≤ 32℃。目标温度 15℃。

加热开启条件：电池最低温度 ≤ 5℃；加热关闭条件：电池最低温度 ≥ 10℃；目标温度 40℃。

比亚迪唐 DM 驱动电机及控制器冷却系统循环如图 7-3-14 所示。

图 7-3-14　比亚迪唐 DM 驱动电机及控制器冷却系统循环

五、路虎揽胜 P400e 混动车型

1. 驱动电机冷却系统

驱动电机的冷却是利用发动机冷却液循环流过驱动电机进行冷却的。由电力变频变换器

（EPIC）控制驱动电机的冷却。EPIC 内含用于监测自身内部温度的温度传感器，同时也带有一个驱动电机温度传感器。EPIC 利用这些温度传感器来确定流经驱动电机所需的发动机冷却液流量。路虎揽胜 P400e 驱动电机冷却回路如图 7-3-15 所示。

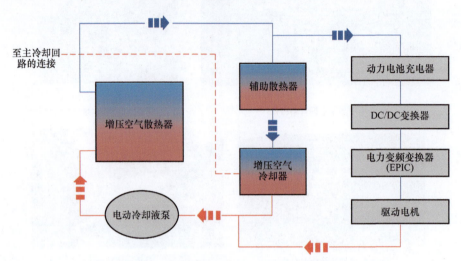

图 7-3-15　路虎揽胜 P400e 驱动电机冷却回路

2. 动力电池冷却系统

如果动力电池的内部温度高于规定温度，则 VSC 将会激活动力电池冷却液泵，并执行以下操作之一：

1）激活动力电池隔离阀，以便允许冷却液循环流过动力电池散热器。

2）向自动温控模块（ATCM）发送一条信息，以便激活连接至空调（A/C）系统的动力电池冷却器。然后，ATCM 将会激活以下部件：电动空调（A/C）压缩机、空调（A/C）前隔离阀（它用来使制冷剂流向车辆后部）、与空调（A/C）系统相连的动力电池冷却器上的切断电磁阀。

该车型动力电池冷却系统有两种冷却模式，即被动冷却和主动冷却。

（1）被动冷却

通过动力电池散热器实现的冷却称为被动冷却（如图 7-3-16 所示）。当最高温度的电池单体的温度高于 32℃，且环境温度低于 45℃时，系统将会选择被动冷却。

如果电池温度和进口冷却液温度未下降，则系统将会增大冷却液泵占空比。在将冷却液泵设置为最大占空比时，系统也会激活主电动冷却风扇。

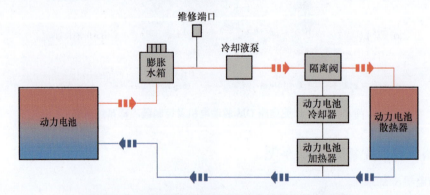

图 7-3-16　路虎揽胜 P400e 动力电池被动冷却系统

（2）主动冷却

通过动力电池冷却器实现的冷却称为主动冷却（图 7-3-17）。在三种情况下，动力电池冷却器会用于降低电池温度：

1）当最高温度电池单体的温度在冷却液泵和主电动冷却风扇达到最高占空比后并未降低。

2）环境温度高于 45℃。

3）环境温度和最高温度电池单体的温度之间的差值小于 10℃。

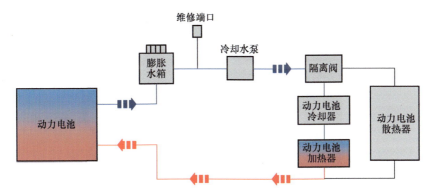

图 7-3-17　路虎揽胜 P400e 动力电池主动冷却系统

如果电池温度介于 20～32℃之间，冷却液泵将激活 30%，使冷却液转移至主动冷却回路。冷却器或加热器将不会激活。

路虎揽胜 P400e 动力电池温度控制原理如图 7-3-18 所示。BECM 直接控制动力电池冷却液泵、隔离阀和加热器，激活动力电池冷却器、空调压缩机和空调前隔离阀的请求将会通过 HS CAN 电源模式 0 系统总线发送至自动温控模块（ATCM）。

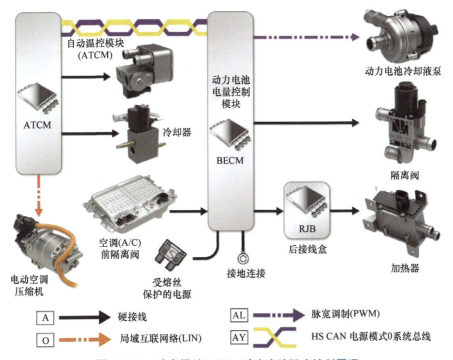

图 7-3-18　路虎揽胜 P400e 动力电池温度控制原理

第 36 天　冷却系统基本维护与检查

一、检查冷却液液面

检查膨胀水箱冷却液液面，如图 7-4-1 所示，液位应该在"Min"和"Max"之间并靠近"Max"。若低于标准刻度，必须及时加注冷却液。

图 7-4-1　冷却液液面

二、检查冷却系统是否渗漏

目视检查冷却系统管路及各零部件接口处有无泄漏情况。冷却系统管路及各零部件接口处如图 7-4-2 所示。冷却液按规定需要配成醒目的颜色，确保泄漏时能目视发现。

三、检查电动水泵

检查电动水泵的线束是否有老化、破损等情况，检查电动水泵是否能正常工作。起动汽车，检查电动水泵有无泄漏，是否存在异响，如图 7-4-3 所示。电动水泵作为冷却液循环的动力源，确保其能正常工作十分重要。

图 7-4-2　冷却系统管路及各零部件接口处

图 7-4-3　检查电动水泵

四、清洁散热器

检查散热器翅片是否变形,是否有碎屑堆积,如有,应及时进行清洗。在散热器后部(电机侧)使用压缩空气吹走散热器或散热器翅片上的碎屑,如图7-4-4所示。清洗散热器翅片是保证良好的传热效果所必需的。

图 7-4-4　清洁散热器

五、更换冷却液

1)打开冷却液膨胀水箱总成盖(图7-4-5)。

2)断开散热器出水管(图7-4-6),用回收容器接收放出冷却液。

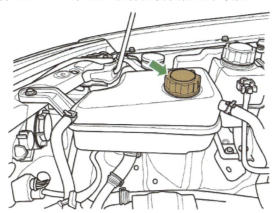

图 7-4-5　冷却液膨胀水箱总成盖

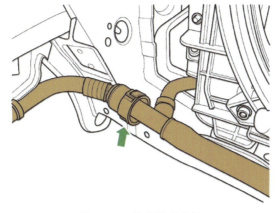

图 7-4-6　散热器出水管

3)冷却液排放完毕后,连接散热器出水管并检查冷却管路连接是否完整。

4)将车辆转至 ON 位置且非充电状态,连接诊断仪,选择相应车型 - 手工选择系统 - 空调控制器(AC)- 特殊功能,选择加注初始化,车辆处于加注初始化状态。

5)拧开膨胀水箱盖,缓慢加注冷却液(图 7-4-7),直至膨胀水箱内冷却液量达到 80% 左右,且液位不再下降。

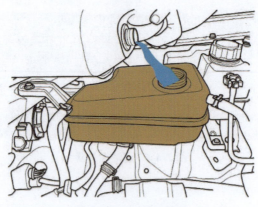

图 7-4-7　加注冷却液

6)系统排气:控制诊断仪,使车辆处于排气状态,如果液位下降应及时补充冷却液,排气过程时长不小于 10min。

7)观察膨胀水箱内冷却液下降,及时补充冷却液,保持冷却液位处于 MAX 线和 MIN 线之间。

8)加注完成:拧紧膨胀水箱盖,控制诊断仪,使车辆恢复默认模式。

第 8 章

新能源汽车底盘基本构造

第 37 天　电动转向系统

一、电动转向系统的结构及原理

电动助力转向系统（EPS）的结构如图 8-1-1 所示，电动助力转向系统（EPS）利用助力电机产生的动力协助驾驶员进行动力转向。EPS 主要由转矩传感器、电子控制单元（ECU）、电机、减速器、转向器以及供电电源所构成。

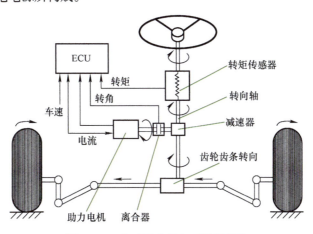

18. 新能源汽车电动转向系统

图 8-1-1　电动助力转向系统的结构

电动助力转向系统的各部件基本功能见表 8-1-1。

表 8-1-1　电动助力转向系统的各部件基本功能

动力转向控制单元	根据转矩传感器信号和车速传感器信号，进行逻辑分析与计算后，发出指令，控制电机动作。此外，ECU 还有安全保护和自诊断功能，ECU 通过采集车速、转矩、角度 VCU 等信号判断其系统工作状况是否正常，一旦系统工作异常，助力将自动取消，同时 ECU 将进行故障诊断分析
动力转向电机	根据电子控制单元的指令输出适宜的助力转矩，是 EPS 的动力源，多采用无刷永磁式直流电机。电机对 EPS 的性能有很大影响，是 EPS 的关键部件之一，所以 EPS 对电机有很高要求，不仅要求低转速大转矩、波动小、转动惯量小、尺寸小、质量轻，而且要求可靠性高、易控制

（续）

动力转向器总成	转向器是转向系统中减速及增力传动装置，其功用是增大由方向盘传到转向节的力，并改变力的传递方向。与燃油汽车转向器结构原理相同，是转向系统的最终执行机构
转矩传感器	集成在转向管柱内部，其功能是测量驾驶员作用在方向盘上的力矩大小与方向，以及方向盘转角的大小和方向，是EPS的控制信号。转矩测量系统比较复杂且成本较高，所以精确、可靠、低成本的转矩传感器是决定EPS能否普及的关键因素之一。目前采用较多的是在转向轴位置上加一个扭杆，通过测量扭杆的变形得到转矩。另外也有采用非接触式转矩传感器的
减速机构	与电机相连，起降速增矩作用。常采用蜗轮蜗杆机构，也有的采用行星齿轮机构。有的EPS还配用离合器，装在减速机构一侧，是为了保证EPS只在预先设定的车速行驶范围内起作用。当车速达到某一值时，离合器分离，电机停止工作，转向系统转为手动转向。另外，当电机发生故障时，离合器将自动分离

EPS工作原理如图8-1-2所示，转矩传感器与转向轴相连接，当转动轴转动时，转矩传感器把采集到的转向盘转矩、转动方向信号，以及车速传感器把采集到的汽车行驶速度信号，传给电子控制单元（ECU），ECU根据转动转矩、转动的方向、行驶速度等数据信号，进行综合逻辑分析与计算后，决定助力电机的旋转方向和助力电流的大小，从而完成实时控制助力转向。EPS可以很容易地实现在车速不同时提供电机不同的助力效果，保证汽车在低速行驶时轻便灵活，高速行驶时稳定可靠，因此EPS转向特性的设置具有较高的自由度。

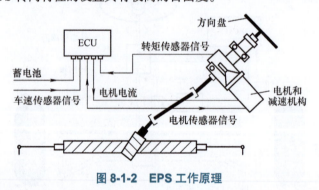

图 8-1-2 EPS 工作原理

二、电动转向系统分类

根据作用位置不同，EPS可分为转向柱助力式、齿条助力式和齿轮助力式3种。

1. 转向柱助力式

转向柱助力式EPS助力电机固定在转向柱一侧，如图8-1-3所示。通过减速机构与转向柱相连，直接驱动转向柱助力转向。

2. 齿轮助力式

齿轮助力式EPS系统电机和减速机构与小齿轮相连，直接驱动齿轮助力转向，如图8-1-4所示。转向助力机构安装在转向器小齿轮处，与转向柱助力式相比，可以提供较大的转向力，适用于中型车。

3. 齿条助力式

齿条助力式EPS系统的电机动机和减速机构等布置在齿条处，电机通过减速传动机构直接驱动转向齿条，如图 8-1-5 所示。与转向器小齿轮助力式相比，可以提供更大的转向力，适用于大型车。

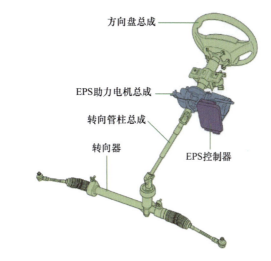

图 8-1-3　转向柱助力式

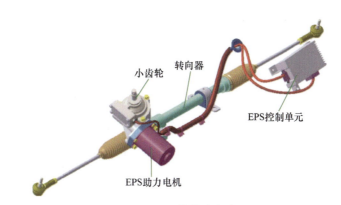

图 8-1-4　齿轮助力式

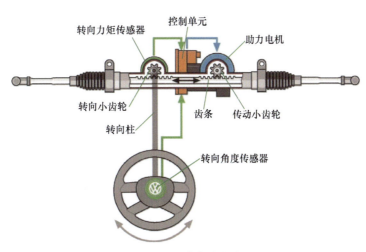

图 8-1-5　齿条助力式

第38天　电动制动系统

一、电动真空助力系统

电动汽车与传统燃油汽车制动系统差别不大，最主要的区别是提供真空助力的形式不同。传统燃油汽车真空助力装置的真空源来自于发动机进气歧管，而电动汽车没有发动机或发动机不是在任何工况下都工作，因此没有了真空源。于是，电动汽车便单独设计了一个电动真空泵为真空助力器提供真空。

电动汽车制动系统主要由电动真空泵、真空助力器、真空罐及压力传感器、控制器，以及常规制动系统组成，真空助力制动系统结构如图8-2-1所示。

19. 新能源汽车电控制动系统

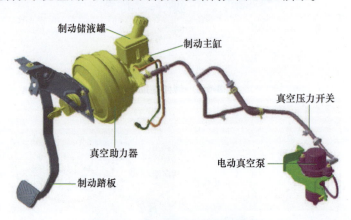

图8-2-1　真空助力制动系统结构

北汽新能源车型的真空助力制动系统，整个系统在散热器后方。真空泵安装在集成支架上，压力传感器安装在真空罐上。真空控制器总成安装于前围板上，部件安装位置如图8-2-2所示，EV200以后控制器将集成在VCU内。

真空泵主要作用是将真空罐内的空气抽出，使真空罐获得真空状态。真空罐用于储存真空，并通过真空传感器感知真空度，然后把信号发送给真空罐控制器。

电动汽车真空助力制动系统工作原理示意图如图8-2-3所示。

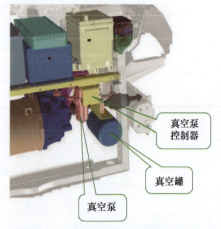

图8-2-2　北汽新能源车型号真空助力制动系统部件安装位置

真空助力制动系统的工作过程为：当驾驶员发动汽车时，12V电源接通，电子控制系统模块开始自检，如果真空罐内的真空度小于设定值，真空压力传感器输出相应的信号电压至控制器，此时控制器控制电动真空泵开始工作，当真空度达到设定值后，真空压力传感器输出相应的信号电压至控制器，此时控制器控制电动真空泵停止工作，当真空罐内的真空度因制动而消耗，真空度小于设定值时，电动真空泵再次开始工作，如此循环。

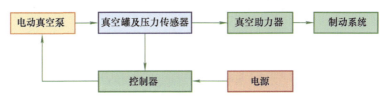

图 8-2-3　电动汽车真空助力制动系统工作原理示意图

二、再生制动系统

1. 再生制动系统基本概念及原理

再生制动系统是指电动汽车在制动过程中可将驱动电机作为发电机，依靠车轮的反向拖动产生电能和车轮制动力矩，从而在减缓车速的同时将部分动能转化为电能以备再利用。

如图 8-2-4 所示为电动汽车再生制动系统能量回收原理图，在减速制动（制动或者下坡）时，将车辆的部分动能转化为电能并储存在动力电池中，从而实现节约制动能量、回收部分制动动能，最终增加电动汽车的续驶里程的作用。若动力电池已经被完全充满，则再生制动就不能实现，所需的制动力就只能由常规的液压制动系统来提供。

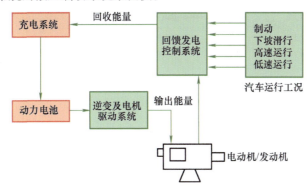

图 8-2-4　再生制动系统能量回收原理图

2. 丰田 THS-Ⅱ 再生制动系统

丰田 THS-Ⅱ 电子再生制动系统具有能源再生功能，可将制动的动能转换为电能存储在动力电池中。丰田 THS-Ⅱ 电子再生制动系统取消了真空助力器。此制动系统由制动输入、电源和液压控制部分组成，如图 8-2-5 所示。

正常制动期间，制动主缸分总成产生的液压并不直接驱动轮缸，而是用作液压信号。实际控制压力是通过调节制动执行器总成的液压获得的。

电子控制制动系统根据传感器和 ECU 提供的信息，对带 EBD 的 ABS、制动辅助、TRC 和 VSC 功能执行液压控制。

制动控制电源总成用作辅助电源，以向制动系统稳定供电。

再生制动协同控制并不是单独依靠液压制动系统为驾驶员提供所需制动力。而是与混合动力控制系统一起进行协同控制，通过再生制动和液压制动提供制动力。由于该控制通过将动能转换为电能来回收动能，因而将正常液压制动中动能的浪费降到最低。

再生制动力矩由作为发电机的 MG2 产生的对旋转的阻力矩构成。由发电产生的阻力矩与 MG2 转子的旋转方向相反，迫使其减速。产生的电流（蓄电池充电电流）越大，阻力矩（制动矩）就会越大，如图 8-2-6 所示。

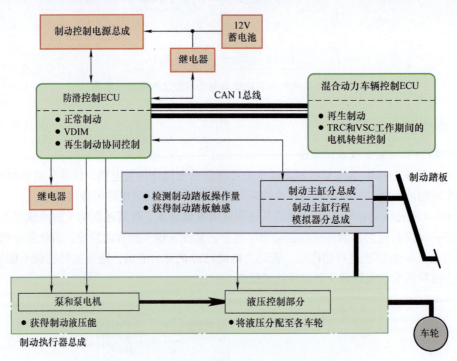

图 8-2-5　丰田 THS-Ⅱ 电子再生制动系统组成图

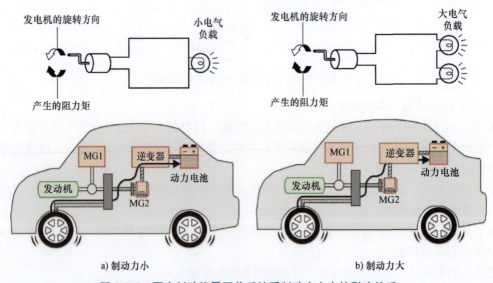

a) 制动力小　　　　　　　　　　b) 制动力大

图 8-2-6　再生制动能量回收系统受制动力大小的影响关系

前驱动桥和后驱动桥由驱动相应轴的 MG2 电动连接。

驱动轮的旋转运动驱动 MG2，使其作为发电机运转。因此，由发电机产生的 MG2 的制动力矩传输至驱动轮。混合动力控制系统通过控制生成的电量对该制动力进行控制。

第 39 天　行驶系统

一、行驶系统基本结构

新能源汽车与传统燃油汽车的行驶系统结构区别不大，一般由车身（车架）、车桥、车轮及悬架等部分组成，如图 8-3-1 所示。两对车轮分别支撑着前桥和后桥，车桥又通过弹性悬架与车架相连接。车身（车架）是整个汽车的基体，它将汽车的各相关总成连接成一个整体，构成汽车的装配基础。

电动汽车行驶系统的作用是接收驱动电机传来转矩，并通过驱动轮与路面的附着作用产生驱动力；承受汽车的总质量；传递并承受路面作用于车轮上各方向的反力及其转矩；减少不平路面对车身的冲击和振动，保证汽车平顺行驶。

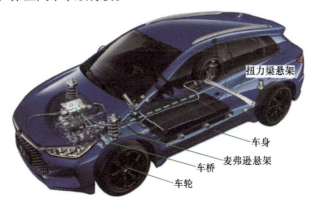

图 8-3-1　行驶系统组成

二、车身（车架）

车身（车架）是全车装配与支撑的基础。它将汽车的各部件连接成一个整体，并支撑整车的质量。车身（车架）一般需要具有足够强度和合适的刚度。车身按照车身受力情况可分为承载式车身和非承载式车身两种。

1. 承载式车身

承载式车身用车身兼做车架，汽车所有的零部件、总成都安装在车身上，所有作用力都由车身承受。车身由钢或铝经冲压、焊接而成，如图 8-3-2 所示。承载式车身不管在安全性还是在稳定性方面都有很大的提高，同时具有质量小、高度低、装配容易等优点，因此大部分轿车采用这种车身结构，例如比亚迪 e2/e3、唐 / 宋新能源、吉利帝豪 EV300/450/GS 电动汽车以及帝豪 PHEV。

图 8-3-2　承载式车身

2. 非承载式车身

非承载式车身的汽车配有刚性车架，又称底盘大梁架，如图 8-3-3 所示。在非承载式车身中动力总成、车身等总成部件都是用悬架装置固定在车架上，车架通过前后悬架装置与车轮连接。车架使各总成在汽车复杂多变的行程中保持相对正确的位置,并承受汽车内外的各种载荷。非承载式车身比较笨重,质量大,高度高,一般用在电动客车上,也有部分高级轿车使用。

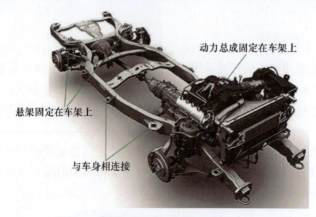

图 8-3-3 非承载式车身

三、车桥和车轮

1. 车桥

车桥通过悬架与车架(或承载式车身)相连,两端安装车轮,如图 8-3-4 所示。车桥的功用是传递车架(或承载式车身)与车轮之间各方向的作用力及其产生的力矩。

车桥根据悬架结构形式不同分为整体式车桥和断开式车桥分别如图 8-3-5 和图 8-3-6 所示。整体式车桥的中部是刚性实心架或空心架,多配用非独立悬架。断开式车桥为活动关节式结构,与独立悬架配合使用。

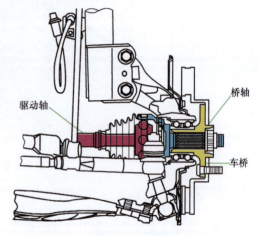

图 8-3-4 车桥

2. 车轮与轮胎

车轮与轮胎又称车轮总成,位于车身(车架)与路面之间。车轮与轮胎的主要功用是:支承汽车及其装载质量;缓冲车轮受路面不平引起的冲击振动,提高汽车通过性;传递轮胎与路面之间的各种力和力矩;抵抗侧滑并能产生回正力矩,保证汽车正常的转向及行驶。

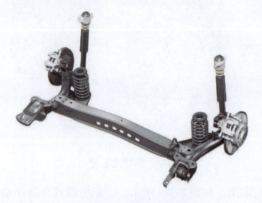

图 8-3-5 整体式车桥

图 8-3-6 断开式车桥

（1）车轮

车轮是介于轮胎和车轴之间承受负荷的旋转组件，其功用是安装轮胎，承受轮胎与车桥之间的各种载荷。它一般由轮辋、轮辐和轮毂组成。轮辋用于安装和固定轮胎，轮辐是介于车轴和轮辋之间的支撑部分。

目前，根据轮辋的制造材料可将轮辋分为钢制轮辋和铝合金轮辋两类，如图 8-3-7 所示。

图 8-3-7　钢制轮辋和铝合金轮辋

（2）轮胎

轮胎与地面之间的摩擦力决定了汽车的操纵性。轮胎的组成、结构和使用条件是影响汽车转向、悬架、车轮定位和制动系统的最重要方面。按胎体中帘线排列的方式不同，可分为普通斜交轮胎（图 8-3-8）和子午线轮胎（图 8-3-9）。

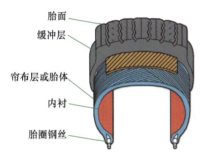
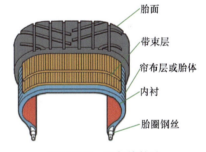

图 8-3-8　普通斜交轮胎　　　　　　图 8-3-9　子午线轮胎

四、悬架

悬架的作用是把路面作用于车轮上的各种反力所造成的力矩都传递到车架（或承载式车身）上，缓和并衰减汽车在行驶中产生的冲击及振动，以保证汽车的正常行驶。同时，它利用弹性元件和减振器吸收各种摆动和振动，保障乘客的舒适、安全。

弹性元件承受垂直载荷，缓和并抑制不平路面引起的振动和冲击。弹性元件主要有钢板弹簧、螺旋弹簧、扭杆弹簧、气体弹簧等。

减振器是产生阻尼力的主要元件，与弹性元件并联安装在车桥和车架（或车身）之间，可迅速衰减汽车振动。目前汽车中普遍采用液压减振器，利用不可压缩的液体流过一些小孔产生的阻尼作用来消耗振动的能量。

按照系统结构的不同，悬架可分为非独立悬架和独立悬架两类。

1. 非独立悬架

非独立悬架的结构特点是两侧车轮由一根整体式车架相连,车轮与车桥一起通过弹性元件连接在车架或车身上,如图 8-3-10 所示。两侧车轮不是相互独立的,而是通过过刚性轴连接在一起的。非独立悬架结构简单,成本低,但其舒适性和操作稳定性较差,因此轿车上较少使用。目前在比亚迪 e2/e3 和吉利帝豪 EV300/450 上有应用。

2. 独立悬架

独立悬架的结构特点是两侧车轮分别独立地通过弹性元件连接在车架或车身下面,如图 8-3-11 所示。其优点是:当一侧车轮受到冲击时,其运动不会影响另一侧车轮,有助于消除转向轮偏摆;可选用刚度较小的弹簧,改善汽车舒适性;采用断开式车桥,动力总成位置降低,使汽车重心下降,提高了汽车行驶稳定性。

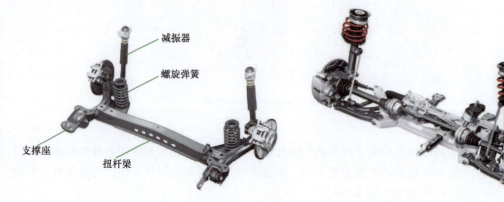

图 8-3-10 非独立悬架　　　　图 8-3-11 独立悬架

独立式悬架有麦弗逊式、多连杆式、双横臂式等结构。下面以麦弗逊式独立悬架为例介绍其结构和特点。

麦弗逊式悬架由螺旋弹簧、减振器、三角形下摆臂组成,绝大部分车型还会加上横向稳定杆,如图 8-3-12 所示。它的主要结构由螺旋弹簧套在减振器上组成,减振器可以避免螺旋弹簧受力时向前、后、左、右偏移的现象,限制弹簧只能做上下方向的振动,并可以用减振器的行程长短及松紧,来设定悬架的软硬及性能。比亚迪车系以及吉利帝豪车系的前悬架大多采用麦弗逊式。

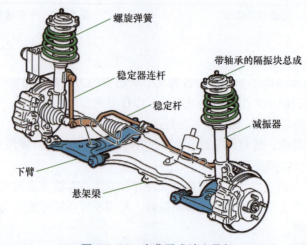

图 8-3-12 麦弗逊式独立悬架

麦弗逊式独立悬架的特点如下：

① 结构紧凑，其减振器、减振弹簧和立销组合为一体，体积小、占用空间少，有利于汽车动力部件的布置。

② 在使用期内前轮定位变化较小，不需要调整主销的内倾角和后倾角。

③ 非簧载质量较小，响应速度快。这有助于减小悬架受到的冲击载荷，有利于改善汽车的行驶平顺性。

不过由于它的构造为直筒式，对左右方向的冲击缺乏阻挡力，抗制动点头作用较差，悬架刚度较弱，稳定性差，转弯侧倾明显。

2016雅阁（Accord）全混合动力车型采用了一个麦弗逊式前悬架和一个双横臂式后悬架，如图8-3-13所示。

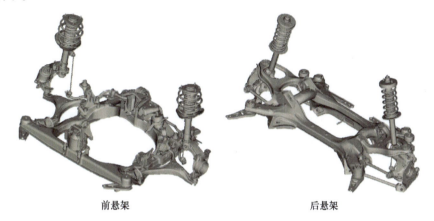

前悬架　　　　　　　　　后悬架

图8-3-13　2016雅阁（Accord）全混合动力车型前、后悬架

第9章

新能源汽车电气系统

第40天　新能源汽车功率电子变换装置认知

新能源汽车的电子设备是一个极为复杂的电子系统。这个复杂的系统包含许多作用不同的功能模块，每个功能模块对电源的要求不尽相同，各部分所需的功率等级、电压高低、电流大小、安全可靠性、电磁兼容性等指标也不同。为了满足上述要求，新能源汽车常使用各种功率变换器，例如 DC/DC 变换器、DC/AC 逆变器等。

新能源汽车中的动力电力电子装置主要由大功率 DC/AC 逆变器构成，在燃料电池汽车中通常还有大功率 DC/DC 变换器，在深度混合动力轿车中也常常采用大功率双向 DC/DC 变换器。此外，在各种电动汽车中还有小功率 DC/DC 变换器，用于进行低压蓄电池的充电。

一、DC/DC 变换器

1. DC/DC 变换器基本原理

DC/DC 变换器有很多类型，包括降压型、升压型、降压-升压型等。

（1）降压型 DC/DC 变换器

降压型 DC/DC 变换器可将高电压动力电池和发电机发出的高压直流电降压成低压直流电，以供车辆的辅助设备（如车灯、音响设备）、电子部件 ECU 作为电源使用。

（2）升压型 DC/DC 变换器

升压型 DC/DC 变换器可将直流电转化为高压直流电，为驱动电机驱动汽车使用。DC/DC 升压变换器工作原理如图 9-1-1 所示。

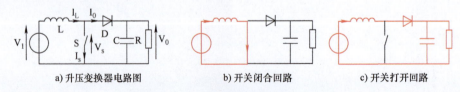

a) 升压变换器电路图　　b) 开关闭合回路　　c) 开关打开回路

图 9-1-1　DC/DC 升压变换器工作原理

升压变换器是利用电抗器在电流变化时会产生或消除磁场，来抵抗电流的变化，实现输出电压恒大于输入电压的目的，图 9-1-1a 所示为它的基本电路图。

如图 9-1-1b 所示，当开关导通时，电流以顺时针的方向经过电感器，电感器开始产生磁场来储存能量；

如图 9-1-1c 所示，当开关开路时，电感放电抵抗电流的减小，此时电感会将之前产生的磁场能量释放设法提供电流，此时电流流经负载和电容。

若开关切换够快，电感器在二次充电之间，不会完全放电到零电压，若开关开路时，负载就会持续接收到比输入电压要大的电压。此时和负载并联的电容器也同时充电，若开关导通时，电容器来提供负载电源，二极管保证电容逆向无法导通。

（3）DC/DC 升降压变换器

新能源汽车动力电池组的电压随着荷电状态的变化会大范围变化，因此燃料电池系统串联的 DC/DC 可能是一个升降压变换电路。

2. DC/DC 变换器在驱动系统（能量系统）上的应用

使用 DC/DC 变换器可以将动力电池组的电压在一定的负荷范围内，稳定在一个相对较高的电压值，从而明显提高电机的驱动性能。同时，DC/DC 变换器也可以将电机制动时由机械能转化而来的电能回馈给动力电池组，以可控的方式对蓄电池组进行充电，尤其是在电动汽车需要频繁起动和制动的城市工况运行条件下，有效地回收制动能量，可使电动汽车的行驶里程大大增加。

目前，大多数 DC/DC 变换器是单向工作的，即通过变换器的能量流动只能是单向的。然而，对于需要能量双向流动的场合，例如超级电容器在电动汽车中的应用，使用双向 DC/DC 变换器便可实现能量双向流动的直接变换，只是整体电路会变得较为复杂。

（1）双向 DC/DC 变换器在交流发电机中的应用

在采用交流电机的电动汽车驱动系统如图 9-1-2 所示。双向 DC/DC 变换器可以调节逆变器的输入电压，并且可以实现再生回馈制动。

图 9-1-2　采用双向 DC/DC 变换器的燃料电池汽车驱动系统结构图

（2）双向 DC/DC 变换器在燃料电池电动汽车中的应用

燃料电池电动汽车通过加入超级电容器和双向 DC/DC 变换器，提高了加速和减速性能，采用双向 DC/DC 变换器的燃料电池汽车驱动系统结构图如图 9-1-3 所示。

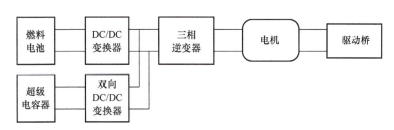

图 9-1-3　采用双向 DC/DC 变换器的燃料电池汽车驱动系统结构图

在燃料电池发电前，通过双向 DC/DC 变换器升高电压，提供较高的总线电压能量，保持电源输出功率的稳定。

当汽车加速时，超级电容器通过双向 DC/DC 变换器，可以提供所需的峰值功率。

当电动汽车制动时，逆变器和双向 DC/DC 变换器将再生制动的能量存储到超级电容器中。

二、DC/AC 逆变器

DC/AC 逆变器的主要功能是将高电压动力电池的直流电变换成电机使用的交流电以驱动车辆前进。它由逆变桥、控制逻辑和滤波电路组成。将直流电压变换为交流电压，交流电压通常为脉冲宽度调制信号（PWM 信号）组成的方波或正弦波电压。

如图 9-1-4 所示，当 S1、S4 接通时，在线圈两端产生由左到右的压降，将其定义为正向电压，当 S2、S3 接通时，线圈两端产生由右到左的压降，将其定义为反向电压。控制通断的时间就可以得到正负电压交替的交变电压方波信号。这种条调压调频的逆变器通常称为变频器。

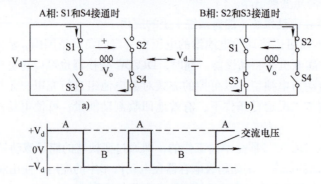

图 9-1-4　DC/AC 逆变器工作原理

新能源车辆使用的驱动电机通常采用三相电，因此变频器使用三路全桥逆变电路实现 DC/AC 功能，用于驱动电机运转。电机反向运转即作为充电机对高压电池进行反向充电。

三、丰田普锐斯 THS 三代的功率电子变换装置

图 9-1-5 所示为丰田普锐斯 THS 三代的功率电子变换装置内部系统简图，从图中可以看出 THS 系统中的功率电子变换装置主要负责三块工作内容：

① 升压变换器将 244.8V（DC）升至 650V（DC）。
② 是通过变频器将 DC 变换为 AC 驱动 MG1 和 MG2。
③ 是通过 DC/DC 变换器将高压 DC 转变为低压 DC，为整车低压蓄电池供电，从而带动整车低压控制器运行。

除此之外，变频器还有一个作用就是在制动时通过 AC/DC 为高压动力电池反向充电。

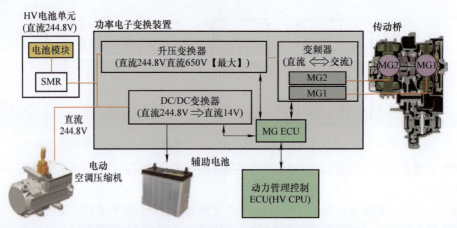

图 9-1-5　丰田普锐斯 THS 三代的功率电子变换装置

DC/DC 升压变换器和 DC/AC 逆变器系统内部结构如图 9-1-6 所示。其中 DC/DC 升压变换器主要是依靠电抗器实现 DC 升压，DC/AC 逆变器是采用了常见的三路全桥（六路半桥）逆变电路构成，此电路将直流电转化为三相交流电。

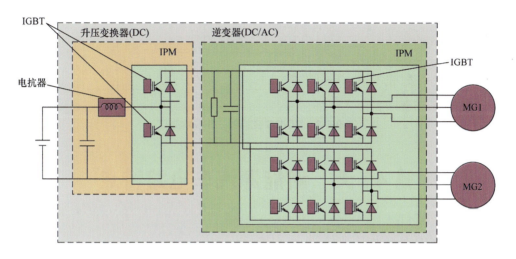

图 9-1-6　DC/DC 升压变换器和 DC/AC 逆变器系统内部结构

DC/DC 变换器系统主要是通过 DC/DC 变换器将高压动力电池的 244.8V 直流电压转换为 14V 直流电为整车低压系统和辅助电池供电。DC/DC 变换器系统内部结构如图 9-1-7 所示，主要包括 DC/AC 变换器、变压器、整流器、滤波电路组成。

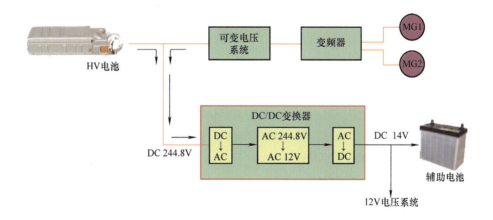

图 9-1-7　DC/DC 变换器系统内部结构

DC/DC 变换器工作基本原理：直流 244.8V 经过两相 DC/AC 变换为 244.8V 的交流电，经过变压器变换为 14V 的交流电，然后经过整流器将负电压反向，然后通过滤波电路，生成 14V 直流电压，如图 9-1-8 所示。

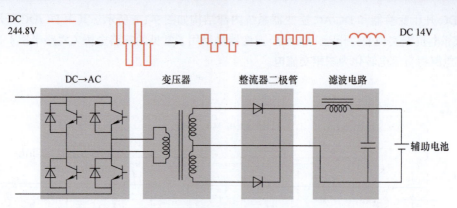

图 9-1-8　DC/DC 变换器工作基本原理

第 41 天　新能源汽车电路特点

一、新能源汽车电路

新能源汽车电路与传统汽车电路大致相同，不同点在于新能源汽车实际电路中存在高压，高压部分插接器和导线有所不同。

新能源汽车基本电路同样是由电源、保险装置、开关、用电器和导线组成的。使用导线将它们连接到一起，组成一个完整的电路。当开关闭合时接通回路，用电器中有电流通过，用电器开始工作，如图 9-2-1 所示。

新能源汽车上的其他电路均是从这个基本电路演变而来的，无非是多条电路进行并联或串联，使电路看上去比较复杂。

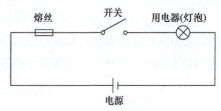

图 9-2-1　基本电路

1. 电源

传统汽车采用蓄电池、发电机双电源。发动机停止时汽车用电器采用蓄电池供电，发动机起动后发电机向蓄电池充电（如需要），并向全车用电器供电。而纯电动汽车没有发动机，插电式混动汽车发动机不是实时工作的，因此，新能源汽车由动力电池通过 DC/DC 为低压蓄电池充电，再由低压蓄电池为低压用电系统提供供电。

2. 保险装置

保险装置的作用是在电路中起到保护作用。当电路中流过超过规定的电流时切断电路，防止烧坏电路连接导线和用电设备。汽车中的保险装置有熔丝、电路断电器及易熔线等。新能源汽车除了低压系统电路安装有保险装置外，高压系统更为严格谨慎地搭载了保护装置，如熔断器、断电器等。

3. 开关

用于控制用电设备的手动开关和电子开关。手动开关由乘员直接手动操作，电子开关根据需要自动控制开关。新能源汽车高压系统开关均带有绝缘装置，如手动维修开关，在拆卸高压系统开关时需要佩戴绝缘手套等防护装置。

4. 用电器

指各种用电设备。包括灯泡、各类电机（如电动座椅、电动车窗、天窗等）、仪表、传感器、执行器、音响等汽车上的所有用电设备。除了上述低压用电器外，新能源汽车上还有高压用电设备，如驱动电机、车载充电器、高压分配箱、动力电池等，在操作或解除这些部件之前，应严格按照操作程序断开高压系统，等待电压下降到安全之后才能进行。

5. 导线

导线将上述讲到的电源、保险装置、开关、用电器等设备连接到一起形成闭合回路。汽车导线根据用电设备系统不同其径、颜色也有所不同。新能源汽车低压部分导线与传统汽车相同；高压部分导线采用特殊颜色（黄色）的导线，并且导线的截面积普遍大于低压导线。

二、新能源汽车电路的基本特点

1. 高压电网与低压电网隔离

新能源汽车上高压电网与低压电网要隔离，可以防止高压设备与汽车接地发生意外断路。高压系统对车身接地短路也称之为电隔离。

为了实现这种隔离，高压设备具有一个专门的电网平衡装置。高压电网与低压电网之间的电隔离可以防止意外断路，致使车身接地通电。

在低压电网中，电路通常通过汽车接地闭合即单线制；而所有高压电网中的高压组件都具有两条导线（驱动电机为三条线），由这两条导线组成电路，一根为正极供电，一根为负极，与车身接地没有连接。

2. 高压系统为低压蓄电供电源充电

新能源汽车的低压系统与传统汽车相同。不同的是低压系统供电源即低压蓄电池由高压系统的动力电池，通过 DC/DC 将直流高压电变换为直流低压电，为其充电。

高压系统主要为驱动电机、电动压缩机、PTC 加热器提供高压电。

3. 低压系统单线制并联，高压系统双线制并联

单线制是指从电源到用电设备只用一根导线连接，利用车身作为搭铁连接蓄电池负极。新能源汽车的低压系统采用单线制，且所有用电器均为并联。

高压系统用电器采用双线制，与车身搭铁不连通，以保障用电安全。

4. 新能源汽车可通过关闭点火开关断开高压

新能源汽车关闭高压设备，并使动力电池从高压电网断开的最简单方法是关闭点火开关。关闭点火开关的作用是将电路与高压设备的保护继电器断开，并使动力电池与高压电网脱离。高压设备上就没有了电压。但需要注意的是，此时动力电池本身以及连接至保护继电器的那一段高压导线依然有高压电。完全使动力电池断开高压电，需要断开动力电池的手动维修开关。

5. 高压系统存在高压互锁电路

高压互锁电路是一个完全独立的系统，用于确定是否所有的高压组件都正确地连接在高压系统上。高压互锁电路是一个低压系统。

高压互锁电路连接着所有的高压组件，此系统检查连接在互锁电路中的部件的高压插接器是否正确连接。一旦某一高压部分的高压触点断开，保护继电器就会断开，动力电池会从高压电网中脱离。

第 42 天　新能源汽车电路图识读（吉利车系）

吉利帝豪 EV450 电路图如图 9-3-1 和图 9-3-2 所示。

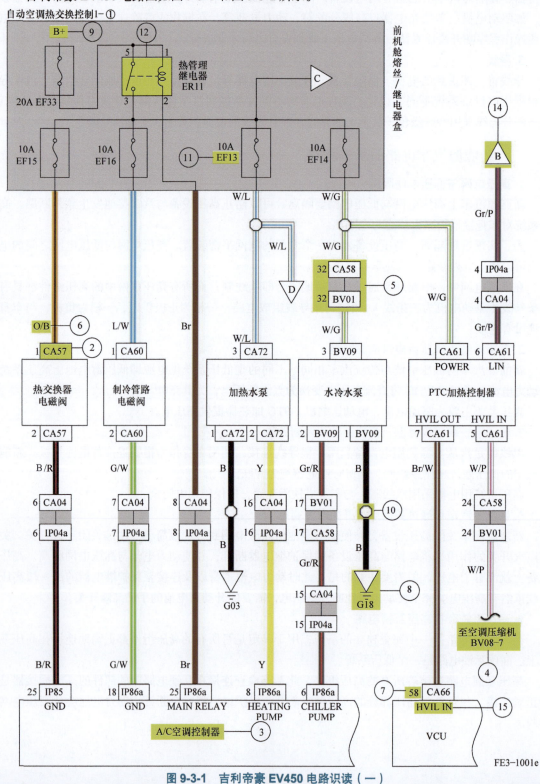

图 9-3-1　吉利帝豪 EV450 电路识读（一）

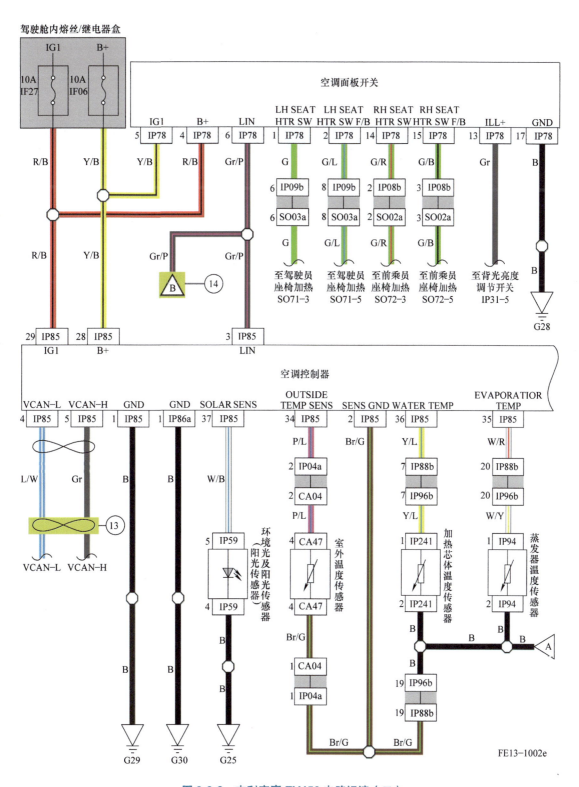

图 9-3-2 吉利帝豪 EV450 电路识读（二）

①——系统名称。
②——线束连接器编号。

本电路图的线束连接器的编号规则以线束为基准,例如发动机舱线束中的发动机控制模块线束连接器编号为 CA08,其中 CA 为线束代码,08 为连接器序列号。

下面为各代码代表的线束:

定义	线束名称	定义	线束名称
CA	发动机舱线束	SO	底板线束
BV	动力线束	DR	门线束
IP	仪表线束	RF	顶篷线束

> **注意**
> a. 门线束定义包括四个车门线束。
> b. 两厢车的后背门线束并入底板线束定义。
> c. 三厢车的行李舱线束、后雾灯线束并入底板线束定义。
> d. HVAC 总成自带线束定义为 IPXX,并在线束布置图中进行标注。
> e. 线束连接器编号详细参见线束布置图。

③——部件名称。
④——显示此电路连接的相关系统信息。
⑤——插头间连接采用细实线表示,并用灰色阴影覆盖,用于与物理线束进行区别。物理线束用粗实线表示,颜色与实际导线颜色一致。
⑥——显示导线颜色,颜色代码如下:

颜色代码	导线颜色	颜色代码	导线颜色
B	黑色	O	橙色
Gr	灰色	W	白色
Br	棕色	V	紫色
L	蓝色	P	粉色
G	绿色	Lg	浅绿色
R	红色	C	浅蓝色
Y	黄色		

如果导线为双色线,则第一个字母显示导线底色,第二个字母显示条纹色,中间用"/"分隔。

例如：标注为 G/B 的导线即为绿色底黑色条纹。

⑦——显示插接器的端子编号。注意：相互插接的线束连接器端子编号顺序互为镜像，如下面所示：

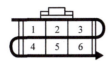 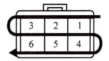

⑧——接地点编号，以 G 开头的序列编号标识。接地点位置详细参见接地点布置图。
⑨——供给于熔丝上的电源类型。
⑩——导线节点。

未连接交叉线路　　　　　　相连接交叉线路

⑪——熔丝编号由熔丝代码和序列号组成，位于发动机舱的熔丝代码为 EF，驾驶舱内熔丝代码为 IF。熔丝编号详细参见熔丝列表。
⑫——继电器编号用单个英文字母标识。
⑬——如果电路线与线之间使用 8 字形标识，表示此电路为双绞线，主要用于传感器的信号电路或数据通信电路。

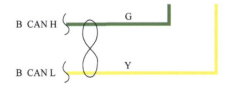 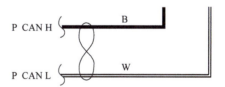

⑭——如果一个系统内容较多，线路需要用多页表示时，线路起点用 ▶ 表示，线路到达点则用 ◀ 表示，如一张图中有一条以上的线路转入下页，则分别以 B、C 等字母表示，以此类推。

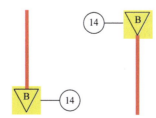

⑮——图形符号。图形符号说明见表 9-3-1。

表 9-3-1　图形符号说明

符号	说明	符号	说明	符号	说明
	接地		常闭继电器		蓄电池
	温度传感器		常开继电器		电容
	电磁阀		双掷继电器		点烟器
	电磁阀		电阻		天线
	小负载熔丝		电位计		常开开关
	中负载熔丝		可变电阻器		常闭开关
	大负载熔丝		点火线圈		双掷开关
	加热器		爆燃传感器		二极管
	光电二极管		发光二极管		电动机
	未连接交叉线路		相连接交叉线路		安全气囊
	螺旋电缆		灯泡		双绞线
	喇叭		起动机		氧传感器
	限位开关		安全带预紧器		低速风扇继电器 B

第43天 新能源汽车电路图识读（比亚迪车系）

比亚迪e2高压系统电路图如图9-4-1所示。

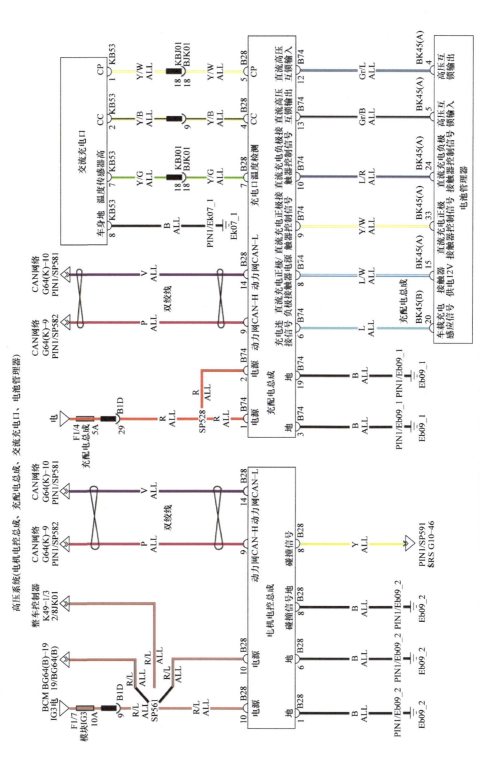

图9-4-1 高压系统电路图（电机电控总成、充配电总成、交流充电口、电池管理器）

一、插接器编码

插接器编码由 3 个部分组成,分为 3 种类型,如图 9-4-2 所示。

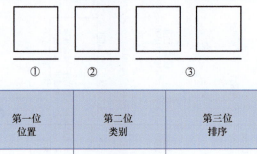

第一位 位置	第二位 类别	第三位 排序
线束代码(字母)	线束对接编号J	插接器编号(数字)
	空	
	配电盒代码	配电盒端口(字母)

图 9-4-2 插接器编码

1. 位置代码

采用 A、B、C、G、K……表示(I、J、O、X、i、j 不予采用),该位取决于该回路元素所属线束的位置,对应关系参照表 9-4-1。

表 9-4-1 位置代码关系

线束名称	装配位置	编码	备注
发动机线束 1	发动机	A	如有多条,采用 Ab、Ac、Ad 等
发动机线束 11	前舱	Ab	如有多条,采用 Ab、Ac、Ad 等(S6)
前舱线束	前舱	B	如有多条,采用 Ba、Bc、Bd 等
前横梁线束	前横梁	C	如有多条,采用 Ca、Cb、Cd 等
前保险杠线束	前保险杠	D	如有多条,采用 Da、Db、Dc 等
蓄电池负极线	蓄电池	Ea	
蓄电池正极线	蓄电池	Eb	
变速器搭铁线	变速器	Fa	
发动机搭铁线束	发动机	Fb	
后风窗加热负极线	后风窗玻璃	Fc	
仪表板线束 1	仪表台	G	如有多条,采用 Ga、Gb、Gc 等
仪表板线束 11	管梁	Gb	如有多条,采用 Ga、Gb、Gc 等(S6)
方向盘主小线	方向盘	Ha	
方向盘副小线	方向盘	Hb	
光照强度传感器小线	仪表台	Hc	
PAB 配接小线	仪表台	Hd	

（续）

线束名称	装配位置	编码	备注
多功能屏配接小线	仪表台	He	
地脚灯小线	仪表台	Hf	
前空调配线	空调箱体	Hg	
EPS 小线	EPS	Hk	
主驾座椅线	主驾座椅	Hm	
左地板线束	左地板	K	如有多条，采用 Ka、Kb 等
右边地板线束	右地板	M	如有多条，采用 Ma、Mb 等
车内后排磁卡探测天线引线	地板、探测天线	Na	
后空调室内温度传感器配线	后空调箱体	Nb	
油箱小线	油箱	Nc	
中地板线束	中地板	Nd	
顶篷线束	顶篷	P	如有多条，采用 Pa、Pb 等
行李舱线束	行李舱	Q	如有多条，采用 Qa、Qb 等
后保险杠线束	后保险杠	R	如有多条，采用 Ra、Rb 等
预留	预留	S	预留编码
左前门线束	左前门	T	如有多条，采用 Ta、Tb 等
右前门线束	右前门	U	如有多条，采用 Ua、Ub 等
左后门线束（滑动门）	左后门	V	如有多条，采用 Va、Vb 等
右后门线束（滑动门）	右后门	W	如有多条，采用 Wa、Wb 等
背门线束	背门	Y	如有多条，采用 Ya、Yb 等
左前轮速传感器	轮速传感器	Za	
右前轮速传感器	轮速传感器	Zb	
左后轮速传感器	轮速传感器	Zc	
右后轮速传感器	轮速传感器	Zd	
高位制动灯配线	高位制动灯	La	
前门车外磁卡探测天线引线	磁卡探测天线	Lb	
DC 输出小线	DC 控制器	Ec	
旋变小线	DM 动力总成	Ed	
电喷 ECU 外壳搭铁线	电喷 ECU	Fd	
主电机控制器外壳搭铁线束	DC 控制器	Fg	
功放小线	仪表板与地板	Nf	
安全气囊线束（预留）	前舱、管梁、地板（预留）	S	如有多条，采用 Sa（前舱），Sb（仪表台），Sc（地板）等等。

（续）

线束名称	装配位置	编码	备注
高压电缆部分	高压模块		
快速充电口	快速充电口（侧围）	Xa	
慢速充电口	行李舱牌照板	Xb	
太阳能充电器高压输出小线	太阳能充电器	Xc	
高压电缆	车身	Xd	如果有多条可以 Xf……
中速充电口	充电口（侧围）	Xe	

2. 类别代码

采用1、2、……或者大写字母"J"表示，分为以下三种情况：

1）该回路元素如果是配电盒上的插接器，此位代码采用序号1、2、3……表示，配电盒编码如表9-4-2所示。

表9-4-2 配电盒编码

配电盒名称	编码
前舱配电盒Ⅰ	1
仪表板配电盒Ⅰ	2
前舱配电盒Ⅱ	3
仪表板配电盒Ⅱ	4

2）该回路元素如果是线束间的对接插接器，此位代码采用字母"J"表示；

3）该回路元素如果是接车用电器模块的插接器、继电器座，则此位位空。

3. 排序代码

采用大写字母A、B、C、D、E、F……或01、02、03、04、05……表示，分为以下两种情况。

1）该回路元素如果是配电盒上的插接件，此位代码采用：A、B、C、D、E、F……，该位与插接件所插配电盒的插口位置代号一致。

2）其他回路元素按所在线束的空间位置依次编号01、02、03、04、05……

举例：

①仪表板线束上接电器件的插接器：G05。

②仪表板线束上的对接插接器：GJ01。

③仪表板线束上的接配电盒的插接器：G2A。

4. 插接器针脚、导线识别

（1）插接器针脚识别

插接器自锁方向朝上，插接器插头引脚按从左到右，从上到下进行编号；插接器插座引脚按从右到左，从上到下进行编号，如图9-4-3所示。

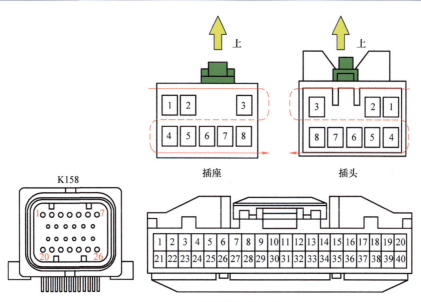

图 9-4-3　插接器针脚识别

（2）导线识别

导线识别见表 9-4-3。

表 9-4-3　导线识别

线束类型	作用	图例	电路图中标示
标准线	用于一般情况的导线连接，无需屏蔽要求		R/Y 1.25
双绞线	在低频情况下，双绞线可以靠自身来抗拒外来干扰及相互之间的串音。比如低速 CAN，扬声器		CAN H　CAN L X21-6　X21-5 多路集成控制模块
屏蔽线	能够将辐射降低在一个范围内，或者防止辐射进入导线内部，造成信号干扰。比如音频信号线（屏蔽网接地）		CAN H　CAN L X2n-38　X2n-39 多路集成控制模块

（3）线色、线径

线色标注字母如下。

字母	W	B	R	G	L	O	Br	Y	Gr	P	V
颜色	白	黑	红	绿	蓝	橙	棕	黄	灰	粉红	紫

双色导线的线色布置如图 9-4-4 所示。

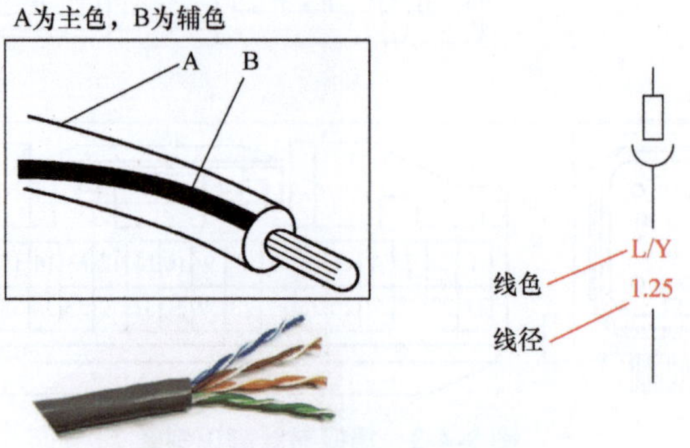

图 9-4-4 双色导线的线色布置

二、熔丝编号规则

1）前舱配电盒附配的熔丝按相应位置编号为 F1/1、F1/2……

2）仪表板配电盒附配的熔丝按相应位置编号为 F2/1、F2/2……

3）地板线束外挂熔丝，按相应位置为 FX/1、FX/2……

ABS 与左前窗电机熔丝的编号如图 9-4-5 所示。

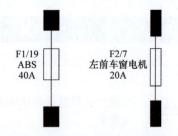

图 9-4-5 ABS 与左前窗电机熔丝的编号

三、继电器编号

1）前舱配电盒附配的继电器按相应位置编号为 K1-1、K1-2……

2）仪表板配电盒附配的继电器按相应位置编号为 K2-1、K2-2……

3）外挂继电器编号随对应的线束，如 KG-1、KG-2…KC1-1、KC2-1……KX-1

4）控制模块内部不可拆卸继电器按相应顺序编号为 KI1-1、KI1-2……

IG2 继电器与内部电喇叭继电器的编号如图 9-4-6 所示。

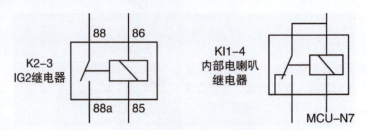

图 9-4-6 IG2 继电器与内部电喇叭继电器的编号

第 44 天　新能源汽车电路图识读（北汽车系）

北汽 EX200/EX260 车型 PDU 系统电路图如图 9-5-1 所示。

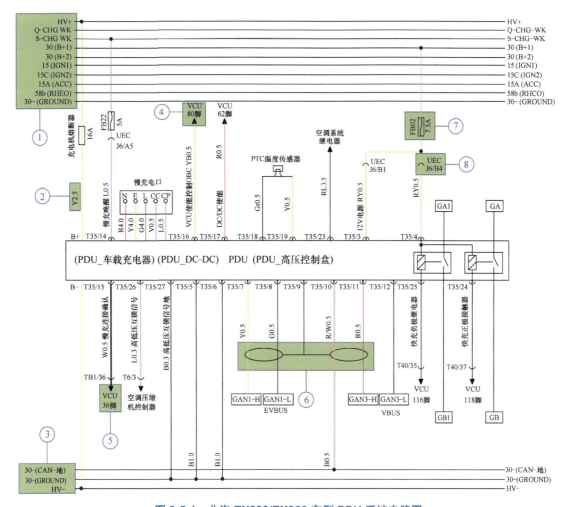

图 9-5-1　北汽 EX200/EX260 车型 PDU 系统电路图

①/③——电源线及地线代码，详细信息如下：

a. H+：动力电池供电正极

b. Q-CHG WK：快充唤醒线

c. S-CHG WK：慢充唤醒线

d. 30（B+1）：前舱电器盒常电

e. 30（B+2）：仪表板电器盒常电

f. 15（IGN1）/15（IGN2）：点火开关或 PEPS 的 IG 继电器提供的 ON 电

g. 15A（ACC）：点火开关或 PEPS 的 ACC 继电器提供的 ACC 电

h. 58b（RHEO）：整车背光电源

i. 30-（GROUND）：整车地线

j. 30-（CAN-地）：整车CAN网络地线

k. HV-：动力电池供电地

② ——导线颜色和线径

Y代表颜色黄色；2.5代表线径。导线颜色及代码如表9-5-1所示。

表 9-5-1 导线颜色及代码

线色	代码	线色	代码
红色	R	橙色	O
白色	W	黑色	B
黄色	Y	紫色	V
绿色	G	蓝色	L
棕色	Br	灰色	Gr
粉红色	P	浅绿色	Lg

④/⑤——表示跳转指示元件及针脚代码，此元件在本系统不做详细介绍。这里表示跳转至整车控制器VCU的80针脚。

⑥——屏蔽线。

⑦——熔丝及额定电流标识。FB指仪表板继电器熔丝盒，02代表具体熔丝编号，7.5A为熔丝的额定电流。

⑧——插接器名称及针脚编号。UEC指前舱电器盒，J6代表插接器代码，B4为端子号。这里表示此处供电由UEC的J6插接器的B4号端子提供。

第45天 新能源汽车空调系统结构原理

一、新能源汽车空调系统的组成及作用

新能源汽车空调系统由制冷系统、供暖系统、通风和空气净化装置及控制系统组成，具体组成部件如图9-6-1所示。它的作用是根据室外环境随时调节汽车内部的温度、湿度和通风状况，改善车内空气质量，保持最舒适的驾车环境。

1. 制冷系统

新能源汽车空调制冷系统（图9-6-2）与传统燃油汽车的区别是压缩机驱动方式发生了变化，新能源汽车空调压缩机采用电驱动的方式，而传统汽车绝大多数采用发动机传动带驱动。

在制冷系统中，压缩机起着压缩和输送制冷剂的作用，是整个制冷系统的心脏。膨胀阀对制冷剂起节流降压作用，同时调节进入蒸发器制冷剂液体的流量。蒸发器是输出冷气的设备，制冷剂在其中吸收空气的热量，实现空气降温。冷凝器是放出热量的设备，制冷剂从蒸发器中吸收的热量，连同压缩机消耗机械能所转化的热量一起经冷凝器散到大气中。压缩机输出侧、高压管路、冷凝

20. 新能源汽车电动空调系统

器和储液干燥器构成高压侧；蒸发器、低压管路、压缩机输入侧、低压管路和蒸发器构成低压侧。压缩机和膨胀阀是空调系统高、低压侧的分界点。

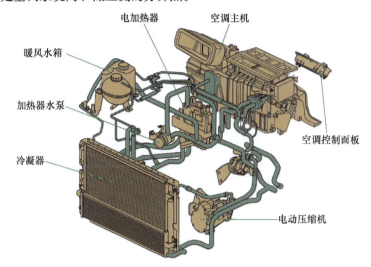

图 9-6-1 新能源汽车空调系统具体组成部件

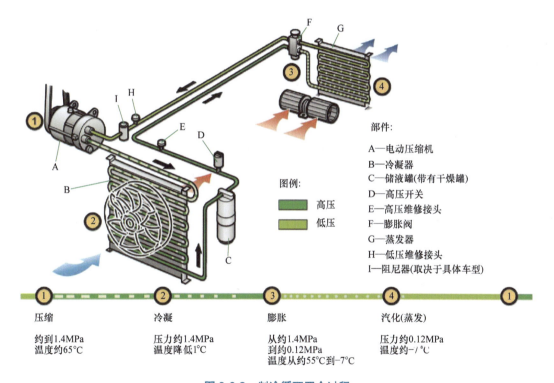

图 9-6-2 制冷循环四个过程

压缩过程：汽车空调压缩机吸入蒸发器出口的低温低压制冷剂气体，把它压缩成高温高压气体排出压缩机，经管道进入冷凝器。

冷凝过程：高温高压的过热制冷剂气体进入冷凝器后，由于温度的降低，达到制冷剂的饱和蒸气温度，制冷剂气体冷凝成液体，并放出大量的液化潜热。

膨胀过程：温度和压力较高的制冷剂液体通过膨胀装置后体积变大，压力和温度急剧下降，以雾状排出膨胀装置。

汽化过程：雾状制冷剂液体进入蒸发器，由于压力急剧下降，达到饱和蒸气压力，制冷剂液体蒸发成气体。蒸发过程中制冷剂吸收大量的汽化潜热，变成低温低压气体后，再次循环进入压缩机。

2. 供暖系统

新能源汽车在暖风实现的形式上，通常是利用电加热的方式来产生暖风。电加热的方式有两种：一种是通过加热冷却液，再经过循环为暖风水箱提供热量，另一种是直接加热经过蒸发器的空气，以提供暖风。

与传统车型的空调系统相比，比亚迪 e6 车型的空调系统采用了 PTC 制热模块采暖。传统的车型通过发动机冷却液温度的热量来制热，在发动机起动、暖机等冷却液温度较低的阶段制热效果不好。而比亚迪 e6 通过约 3000W 的 PTC 制热模块制热，制热效果好，同时可以调节制热量，如图 9-6-3 所示。

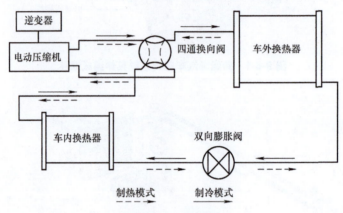

图 9-6-3　供暖系统

3. 通风和空气净化装置

新能源汽车通风和空气净化装置与传统汽车基本相似，空气通过蒸发器和热交换器形成冷风或暖风，根据驾驶员的需要，以指定风速输送到指定出风口。通风和空气净化装置包括翻板、空气滤清器、出风口等，如图 9-6-4 所示。

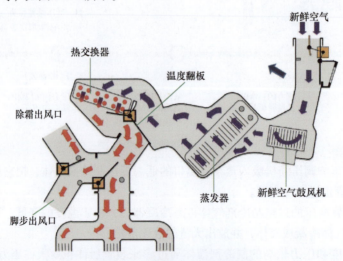

图 9-6-4　通风和空气净化装置

4. 控制系统

控制系统控制压缩机吸合与断开，防止制冷剂压力过高；控制车内空气的流速、方向、温度。控制系统包括空调开关、A/C 开关、鼓风机风速开关、各种继电器等，空调控制面板如图 9-6-5 所示。

图 9-6-5　空调控制面板

二、电动空调压缩机

电动压缩机是新能源汽车空调制冷系统的心脏，起着压缩和输送制冷剂蒸气的作用。电动空调压缩机使用小型三相交流同步电机驱动压缩机，压缩机类型为涡旋式，压缩机与控制器集成一体，通过电机自身的旋转带动涡旋盘压缩，完成制冷剂的吸入和排出，为制冷循环提供动力。

涡旋式压缩机结构如图 9-6-6 所示，由电机驱动的轴、螺旋形外盘和螺旋形内盘组成。

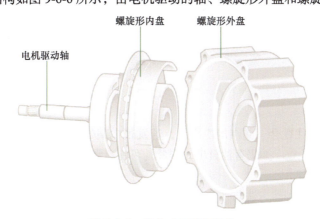

图 9-6-6　涡旋式压缩机结构

涡旋式压缩机工作原理如图 9-6-7 所示。螺旋形内盘由三相交流同步电机通过一个轴驱动并进行偏心旋转。通过固定式螺旋形外盘上的两个开口吸入低温低压气态制冷剂，然后通过两个螺旋形盘的移动使制冷剂压缩、变热。转动三圈后，吸入的制冷剂压缩、变热，可通过外盘中部的开口以气态形式释放。高温高压气态制冷剂从此处经液气分离器向冷凝器方向流至空调压缩机接口。电动制冷剂压缩机最高转速为 8600 r/min，可产生约 3MPa 的最大工作压力。

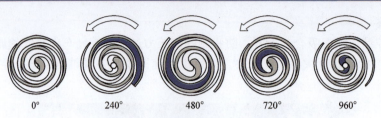

图 9-6-7　涡旋式压缩机工作原理

压缩机控制器与压缩机集成一体,控制器通过 IPM 模块变频调节电动压缩机转速,并且具有过电流、欠电压自动检测和保护功能。

纯电动汽车没有传统汽车的发动机,没有了热源,因此需要靠 PTC 加热器(图 9-6-8)提供热能来取暖。PTC 加热芯由电热元件与铝管组成,它利用鼓风机鼓动空气流经 PTC 电热元件强迫对流,以此为主要热交换方式,吹出暖风,送到车厢内或风窗玻璃上,用以提高车厢内温度和除霜,其系统原理如图 9-6-9 所示。

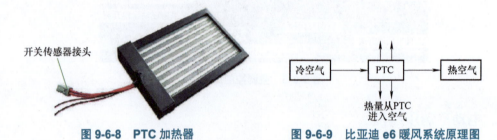

图 9-6-8　PTC 加热器　　　图 9-6-9　比亚迪 e6 暖风系统原理图

例如:比亚迪 e6 暖风系统采用空调控制器驱动 PTC 加热器制热,通过鼓风机吹出的空气将 PTC 散发出的热量送到车厢内或风窗玻璃上,用以提高车厢内温度和除霜。

第 46 天　新能源汽车空调系统基本维护与检查

一、检漏

1. 外观检漏

制冷剂泄漏严重时往往会一同渗出冷冻油,若发现在某处有油污渗出,可进一步用清洁的白纸擦拭或用手直接触摸检查。如仍有油冒出,则此处可能有渗漏。

2. 荧光剂或染料检漏

将荧光剂加入空调(加注方法与加注冷冻油方法相同),使空调运转,打开荧光电筒,若空调系统有泄漏,可看见泄漏处有荧光渗漏,如图 9-7-1 所示。

3. 电子检漏仪

使用电子检漏仪检漏较为普遍,电子检漏仪如图 9-7-2 所示。

1)保持仪器探头距管路 6～8cm,以 3～5cm/s 的速度移动探头。

2)制冷剂比空气重,应尽量在可能泄漏的地方的下方寻找。

3)检查所有焊接点是否开裂,压力开关和膨胀阀是否泄漏或损坏。

4)当检漏装置发出报警时,即表明此处存在泄漏。

图 9-7-1 荧光检漏

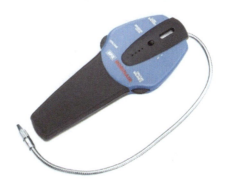

图 9-7-2 电子检漏仪

二、检查电路线束

1)检查电路线束及插接器连接处是否对插到位,有无松动、破损、腐蚀等问题。
2)检查插接器线束波纹管有无破损。
3)检查插接器内插针是否有退针、弯曲等异常现象。

三、检查压缩机

检查空调压缩机工作声音是否正常,可用汽车听诊器进行听诊,其实物图和使用方法如图 9-7-3 所示。听诊时听诊器直接放在空调压缩机上听取,如果压缩机内有金属摩擦的声音,可能是轴承损坏或异动、静盘异响,需要修护或更换。

四、更换空调滤芯

1)拆下空调滤芯盖板,空调滤芯盖板位于杂物箱下部。
2)取出空调滤芯、更换新的空调滤芯(图 9-7-4)。

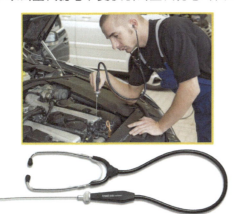

图 9-7-3 汽车听诊器实物图及使用方法

图 9-7-4 更换空调滤芯

3)安装空调滤芯、安装空调盖板。

五、制冷剂的加注

检查制冷剂加注量是否符合标准,若制冷剂不足,应按标准加注制冷剂至标准量,制冷剂的加注过程和传统燃油汽车空调相同。

1）制冷系统抽真空。
2）将歧管压力表组（图 9-7-5）和空调制冷剂加注回收清洗一体机（图 9-7-6）连接到制冷系统中。
3）打开吸气和排放阀，然后打开加注阀使加热的制冷剂流入系统。
4）当制冷剂传送停止时，关闭吸气和排放阀。

图 9-7-5　歧管压力表组

图 9-7-6　制冷剂加注回收清洗一体机

第 47 天　新能源汽车照明系统

一、吉利帝豪 EV450 照明系统结构

汽车照明系统的功用是保证车辆在黑夜、恶劣天气及复杂交通状况下的照明，是为了在光线不好的条件下提高车辆行驶安全性和运行速度而设置的。吉利帝豪 EV450 的照明系统可分为：

1）室外照明装置：前组合灯总成、后组合灯总成、后雾灯总成、侧转向灯总成、高位制动灯总成。
2）室内照明装置：杂物箱灯、前排阅读灯、行李舱灯、车门灯、后排阅读灯、牌照灯。

它们在汽车上的布置如图 9-8-1 所示。

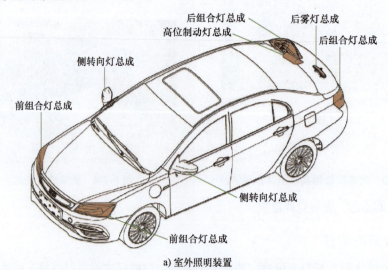

a）室外照明装置

图 9-8-1　吉利帝豪 EV450 照明系统

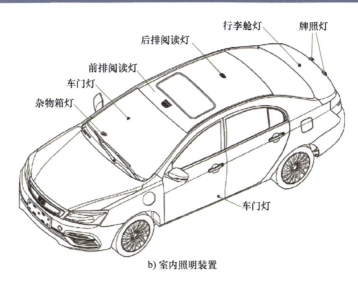

b) 室内照明装置

图 9-8-1 吉利帝豪 EV450 照明系统（续）

二、吉利帝豪 EV450 照明系统工作原理

工作原理见表 9-8-1。

表 9-8-1 新能源汽车照明系统部件工作原理

项目	工作原理
前照灯工作原理	当灯光组合开关打到"前照灯"档时，工作电压由组合开关线束连接器输出来驱动前照灯继电器吸合，点亮前照灯。前照灯供电电压被传送到前照灯光轴调节开关和左、右前照灯光轴调节电机，此时上下拨动调节开关能改变调节电机的信号电压，从而实现前照灯的高度调节功能 当 BCM（中央集控器）监测到灯光组合开关线束连接器有电压，则说明开关处在"AUTO"（自动灯），此时 BCM 会监测来自环境光照传感器的信号，如果环境光照不强，BCM 会通过线束连接器输出电压来驱动前照灯继电器吸合，自动点亮前照灯；当环境光照增强时，BCM 会切断线束连接器的电压输出，从而实现前照灯自动关闭。当灯光组合开关切换到远光位置时，通过线束连接器控制接地来驱动远光灯继电器吸合点亮远光灯，同时远光灯供电电压被传送到仪表，点亮仪表内的远光指示灯
位置灯工作原理	当灯光组合开关打到"位置灯"档，开关信号通过组合开关的线束连接器端子输出工作电压来驱动位置灯继电器吸合，以点亮所有位置灯、仪表背光照明灯以及左、右牌照灯
昼行灯工作原理	BCM 线束连接器端子输出工作电压来驱动昼行灯继电器吸合，点亮昼行灯。同时此电压被传送到仪表点亮昼行灯指示灯
后雾灯工作原理	当前近光或远光灯开启后，开关会控制位置灯继电器工作并将驱动电源输送至后雾灯继电器。当后雾灯开关闭合时，开关提供位置灯继电器输出的电压来驱动后雾灯继电器闭合点亮后雾灯。同时此电压被传送到仪表点亮后雾灯指示灯
转向灯工作原理	多功能操纵杆控制灯光组合开关线束连接器端子的接地电路，此接地信号传送至 BCM，BCM 通过线束连接器输出电压，分别点亮左、右转向灯
制动灯工作原理	制动灯受布置于制动踏板上的制动灯开关控制。当制动踏板被踩下时，工作电压通过开关直接加在制动灯灯泡上
倒车灯工作原理	电子换档线束连接器输出工作电压来驱动倒车灯继电器吸合点亮倒车灯。仪表倒车档位信息通过 CAN 网络接收显示

（续）

室内门控灯 工作原理	当后排阅读灯开关处于 DOOR 档（车门开关档），后排阅读灯的电源来自 BCM 线束连接器。当车门打开时，门控开关接地电路接通使后排阅读灯点亮
迎宾灯 工作原理	迎宾灯的电源来自熔丝。当车门打开时，门控开关接地电路接通，使迎宾灯点亮
行李舱灯 工作原理	行李舱灯的电源来自熔丝。当行李舱门打开时，门控开关接地电路接通，使行李舱灯点亮

三、随动前照灯系统

1. 作用

随动前照灯系统的基本作用是：在车头的起伏或者是车辆的左右高低运动的时候，会造成车辆的倾斜，对前照灯照明造成影响；车辆在不平路面（起伏路面）行驶或者是上下坡的时候，传感器会自动调整远近光的照射位置，以便使灯光保持在车辆前方的正确位置。

2. 主要部件

（1）高度传感器

高度传感器安装在底盘悬架上，如图 9-8-2 所示。传感器的控制器安装于车身上固定的位置，而传感器的连杆固定在车辆悬架上，当车辆行驶在不平路面上时，悬架部件运动，从而带动传感器连杆运动，产生信号传给控制器。

（2）随动前照灯控制器

随动前照灯控制器集成在传感器上面，接收连杆感应的悬架高度变化，经过处理，将控制信号传输给前照灯总成，前照灯总成通过内部的调整电机，来调节前照灯的高度。

图 9-8-2 高度传感器

3. 工作原理

随动前照灯系统工作原理如图 9-8-3 所示。高度传感器会通过连杆部分调节传感器内部电位计的位置，上面正方体的是控制器，控制器把车辆的水平信号传给前照灯，前照灯再通过内部的齿轮调整灯光的高低远近。

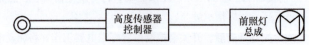

图 9-8-3 随动前照灯系统工作原理

第48天 新能源汽车电动辅助系统

新能源汽车的电动辅助系统例如电动门窗、电动车窗、电动后视镜、电动座椅、刮水器洗涤器系统与传统汽车相似，并无太大区别。只是新能源汽车各车型不同，相应配置可能不尽相同，不过总体上相差不大。

一、电动车窗

新能源汽车的电动车窗可使驾驶员和乘客坐在座位上,利用开关使车门玻璃自动升降,操作简单、便利,有利于行车安全。电动车窗主要由车窗电机、车窗升降调节器和电动车窗控制开关等组成,如图9-9-1所示。

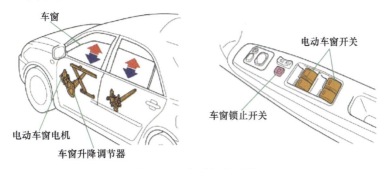

图 9-9-1 电动门窗系统

1. 电机

电动车窗一般使用双向永磁式电机,每个车窗一般安装一个电机。按下或抬起电动车窗开关,电机正向或反向转动通过传动机构将动力传给车窗升降调节器,使车窗玻璃升高或降低。

2. 升降调节器

常见的汽车升降调节器的常见类型有绳索式、交叉臂式,如图9-9-2所示。众泰E200采用了交叉臂式升降调节器。

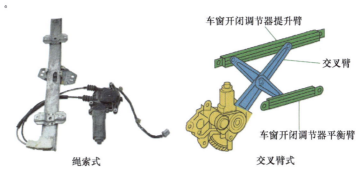

图 9-9-2 升降调节器总成

3. 控制开关

电动车窗控制开关分为主控开关(驾驶员侧)和分控开关(各乘客侧)。主控开关上的各车窗控制开关可控制相应车窗的升降,具有"Auto"功能的驾驶员侧车窗开关还可实现每侧车窗的自动升降功能。车窗锁止开关可切断各分控开关的控制功能。每个分控开关只能控制对应车窗的升降。

二、电动天窗

汽车电动天窗是依靠汽车在行驶过程中气流在汽车顶部的快速流动,有效地使车内空气流通,增加新鲜空气进入,为车主带来健康、舒适的环境。2017款上汽荣威ERX5采用了电动天窗系统,该系统具有一键式滑动开启和关闭功能,所有对该天窗系统的操作均通过旋钮开关来完成。

2017 款上汽荣威 ERX5 电动天窗（图 9-9-3）主要由天窗前玻璃板、后玻璃板、天窗遮阳帘、导轨、天窗电机、天窗遮阳帘电机、车身控制模块（BCM）等组成，其系统控制图如图 9-9-4 所示。

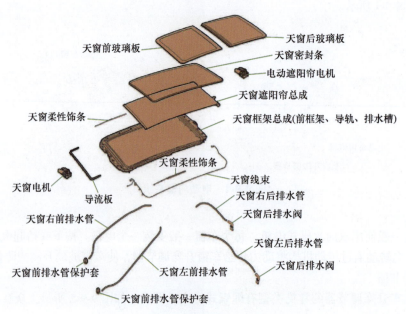

图 9-9-3　荣威 ERX5 电动天窗总成构造图

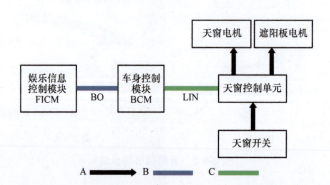

图 9-9-4　2017 款上汽荣威 ERX5 电动天窗系统控制图
A—硬线　B—车身高速CAN线　C—LIN线

三、电动后视镜

汽车后视镜的位置直接关系到驾驶员能否观察到后方情况，与行车安全有着密切的关系。采用电动后视镜，通过开关进行调节，操作方便。汽车的电动后视镜一般由镜片、驱动电机、控制电路及操纵开关等组成，广汽丰田 ix4 电动后视镜结构如图 9-9-5 所示。

在每个后视镜镜片的背后都有两个双向电机，可操纵其上下及左右运动。上下方向的倾斜运动由上/下调节电机控制，左右方向的倾斜运动由左/右调节电机控制。通过改变电机的电流方向，即可完成后视镜的位置调整。

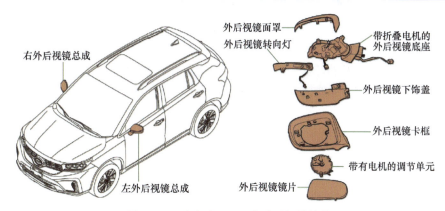

图 9-9-5 广汽丰田 ix4 电动后视镜结构

四、电动座椅

汽车电动座椅的主要功能是为驾驶员提供便于操作、舒适而安全的驾驶位置，为乘客提供不易疲劳、舒适而又安全的乘坐位置。新能源汽车电动座椅与传统汽车相似，一般由电机（包含前后调节电机、高度调节电机、倾角调节电机）、调节开关、传动机构等组成，如图 9-9-6 所示。部分车型电动座椅还带有座椅加热、通风等功能。例如，2017 款上汽荣威 ERX5 插电式混合动力汽车的电动座椅就具有加热功能。

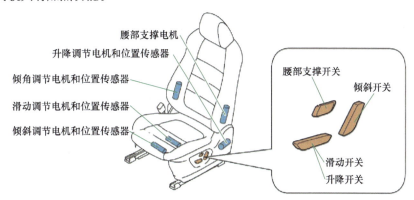

图 9-9-6 电动座椅系统

当按动某一按钮时，电流就由低压蓄电池出发，经过所操作的开关进入相应的电机，最后到达接地点，电机获得电流开始旋转，带动传动机构运动，进行调节；当驾驶员松开按钮后，调节动作终止。电机的旋转运动通过传动机构改变座椅的空间位置。

1. 高度调整

高度调整机构由蜗杆、蜗轮、齿条、心轴等组成。调整时，蜗杆轴在电机的驱动下带动蜗轮转动，从而保证心轴旋进或旋出，实现座椅的上升或下降。

2. 前后调整

纵向调整机构由蜗杆、蜗轮、齿条、导轨等组成，齿条装在导轨上。调整时，电机转矩经蜗杆传至端面的蜗轮，经导轨上的齿条，带动座椅向前或向后移动。

3. 倾角调节电机

靠背倾角调整机构由 2 个调整齿轮与连杆组成。调整时，电机带动两侧的调整齿轮转动，调整齿轮与连杆联动，通过连杆的动作可调整靠背倾角。

五、刮水器洗涤器系统

刮水器洗涤器系统是汽车的标准配置,主要用于清洗和刷除风窗玻璃上的雨水、雪和灰尘,以保证驾驶员的视觉效果,广汽丰田 ix4 电动刮水器洗涤器系统部件位置如图 9-9-7 所示。有的汽车前照灯也有刮水器和洗涤器系统,以保证雨雪天气尤其是夜间的行车安全。

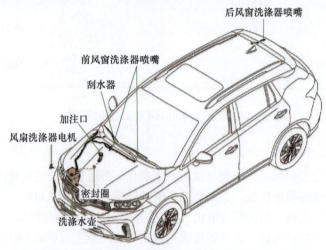

图 9-9-7　广汽丰田 ix4 电动刮水器洗涤器系统部件位置图

1. 刮水器

电动刮水器的基本组成如图 9-9-8 所示,一般安装在风窗玻璃的下部。刮水器电动机安装在底板上,刮水器连接杆连接刮水片总成(由刮水臂、刮水叶片等组成)。

当驾驶员按下刮水器的开关时,电机起动,电机旋转运动经过蜗轮蜗杆的减速增矩作用,由轴端的蜗杆传给蜗轮,蜗轮上的偏心销钉与连杆连接,蜗轮转动时通过连杆使摆杆摆动,然后经连杆使刮水臂带动刮水片总成往复运动,从而实现对风窗玻璃的刮扫。

部分车型的刮水器加装有电子调速器,该调速器附带雨量感应功能,能根据雨量的大小自动调节刮水臂的摆动速度,雨大时刮水臂转得快,雨小时刮水臂转得慢,雨停时刮水臂就停止转动。

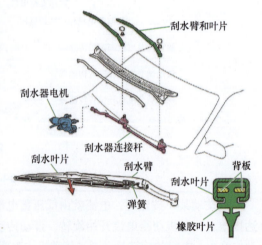

图 9-9-8　电动刮水器基本组成

2. 洗涤器

风窗玻璃洗涤器装置的组成如图 9-9-9 所示,它主要由储液罐、洗涤泵、软管、喷嘴等组成。

洗涤泵一般由永磁直流电机和离心叶片泵组装成为一体,喷射压力可达 70~88kPa。洗涤泵大多数直接安装在储液罐上,但也有安装在管路内的。洗涤泵喷嘴安装在风窗玻璃的下面,喷水直径一般为 0.8~1.0mm,大多数车型的喷嘴方向可以根据使用情况进行调整,能够使洗涤液喷射在风窗玻璃的适当位置。

洗涤泵的连续工作时间不应超过 1min。对于刮水器和洗涤器分别控制的汽车,应先开启洗涤泵,再接通刮水器。喷水停止后,刮水器应继续刮动 3~5 次,以达到更好的清洁效果。

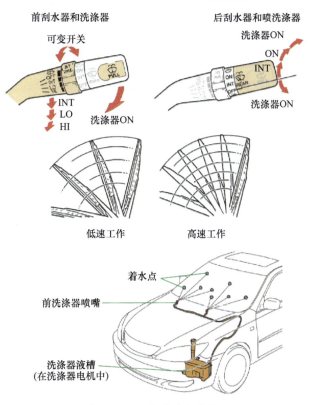

图 9-9-9　风窗玻璃洗涤装置

3. 开关

刮水器与洗涤器开关组合在一起，安装在方向盘右下方，见图 9-9-9。刮水器和洗涤器开关操纵杆端部旋钮有 OFF（关闭）、INT（间歇）、LO（低速）、HI（高速）、ON（洗涤器洗涤操作）几个工作档位，当旋钮转到某档位时，刮水器便做相应的动作，将操纵杆向上抬时，洗涤泵工作，洗涤液喷出。

开关上各档代表不同的工作模式。其中，间歇控制档一般是通过电机的复位开关触点与电阻电容的充放电功能使刮水器以一定周期进行刮扫，即每动作 1 次停止 2～12s，以此减少对驾驶员的干扰。

第 49 天　新能源汽车智能网联系统

一、智能网联汽车的定义

智能网联汽车（Intelligent Connected Vehicle，ICV）是车联网与智能车的有机联合，是指搭载先进的车载传感器、控制器、执行器等装置，并融合现代通信与网络技术，实现车与 X（车、路、行人、云端等）智能信息交换、共享，具备复杂环境感知、智能决策、协同控制等功能，可实现车辆"安全、高效、舒适、节能"行驶，并最终可实现替代人来控制的新一代汽车。也就是说，无人驾驶是汽车智能化、网联化的终极发展目标。

可从 3 个维度对智能网联汽车进行解析，即"智能"、"网联"、"汽车"。

"智能"是指搭载先进的车载传感器、控制器、执行器等装置和车载系统模块,使其具备复杂环境感知、智能化决策与控制等功能。

"网联"主要指信息互联共享能力,即通过通信与网络技术,实现车内、车与车、车与环境间的信息交互。

"汽车"是智能终端载体的形态,既可以是燃油汽车,也可以是新能源汽车,未来以新能源汽车为主。

从广义上讲,智能网联汽车是以车辆为主体和主要节点,融合现代通信和网络技术,使车辆与外部节点实现信息共享和协同控制,以达到车辆安全、有序、高效、节能行驶的新一代多车辆系统,如图9-10-1所示。

图 9-10-1　智能网联汽车

二、智能网联汽车的分级

智能网联汽车的分级标准并不是全球统一的,各个国家会根据本国国情等做一些改动。在中国,对智能网联汽车的智能化和网联化两个方面进行分级。

1. 智能化分级

中国把智能网联汽车的智能化划分5个等级,见表9-10-1。驾驶辅助(DA)为1级,部分自动驾驶(PA)为2级,有条件自动驾驶(CA)为3级,高度自动驾驶(HA)4级,完全自动驾驶(FA)为5级。

驾驶辅助(1级)包括自适应巡航控制、车道偏离预警、车道保持、盲区监测、自动制动、辅助泊车等。

部分自动驾驶(2级)包括车道内自动驾驶、换道辅助等。

有条件自动驾驶(3级)包括高速公路自动驾驶、城郊公路自动驾驶、协同式队列行驶、交叉口通行辅助等。

高度自动驾驶(4级)有堵车辅助系统、高速公路自动驾驶系统及泊车引导系统等。目前,高度自动驾驶的技术尚未应用在量产车型上,在未来几年时间,部分技术的量产车型将会实现。

完全自动驾驶(5级)的实现将意味着自动驾驶汽车真正进入了人们的生活,驾驶员从根本上得到解放。驾驶员可在车上从事其他活动,如上网、办公、娱乐和休息等。同时,目前完全自动驾驶汽车还要受到政策、法律等相关条件的制约,真正量产还任重而道远。

表 9-10-1　智能网联汽车智能化等级

智能化等级	等级名称	等级定义	控制	监视	失效应对	典型工况
人监控驾驶环境						
1	驾驶辅助（DA）	系统根据环境信息对行驶方向和加减速中的一项操作提供支持，其他驾驶操作都由驾驶员完成	驾驶员与系统	驾驶员	驾驶员	车道内正常行驶，高速公路无车道干涉路段，停车（泊车）工况
2	部分自动驾驶（PA）	系统根据环境信息对行驶方向和加减速中的多项操作提供支持，其他驾驶操作都由驾驶员完成	驾驶员与系统	驾驶员	驾驶员	高速公路及市区无车道干涉路段，换道、环岛绕行、跟车等工况
自动驾驶系统监控驾驶环境						
3	有条件自动驾驶（CA）	由自动驾驶系统完成所有驾驶操作，根据系统请求，驾驶员需要提供适当的干预	系统	系统	驾驶员	高速公路正常行驶工况，市区无车道干涉路段
4	高度自动驾驶（HA）	由自动驾驶系统完成所有驾驶操作，特定环境下系统会向驾驶员提出响应请求，驾驶员可以干预	系统	系统	系统	高速公路全部工况及市区有车道干涉路段
5	完全自动驾驶（FA）	自动驾驶系统可以完成驾驶员能够完成的所有道路环境下的操作，不需要驾驶员介入	系统	系统	系统	所有行驶工况

2. 网联化分级

在网联化方面按照网联通信内容的不同，将智能网联汽车划分为 3 个等级，见表 9-10-2，网联辅助信息交互为 1 级，网联协同感知为 2 级，网联协同决策与控制为 3 级。目前，我国汽车网联化处于起步阶段，属于 1 级。

表 9-10-2　智能网联汽车智能化等级

网联化等级	等级名称	等级定义	控制	典型信息	传输需求
1	网联辅助信息交互	基于车—路、车—后台通信，实现导航等辅助信息的获取，以及车辆行驶数据与驾驶员操作等数据的上传	驾驶员	地图、交通流量、交通标志、油耗、里程、驾驶等	传输实时性、可靠性要求较低
2	网联协同感知	基于车—车、车—路、车—人、车—后台通信，实时获取车辆周边交通环境信息，与车载传感器的感知信息融合，作为自车决策控制系统的输入	驾驶员与系统	周边车辆、行人、非机动车位置、信号灯相位、道路预警等信息	传输实时性、可靠性要求较高

（续）

网联化等级	等级名称	等级定义	控制	典型信息	传输需求
3	网联协同决策与控制	基于车—车、车—路、车—人、车—后台通信，实时并可靠获取车辆周边交通环境信息及车辆决策信息，车—车、车—路等各交通参与者之间信息进行交互融合，形成车—车、车—路等各交通参与者之间的协同决策与控制	驾驶员与系统	车—车、车—路之间的协同控制信息	传输实时性、可靠性要求最高

三、新能源汽车智能网联系统构成及原理

新能源汽车智能网联系统主要由环境感知层、智能决策层、控制和执行层组成，如图9-10-2所示。

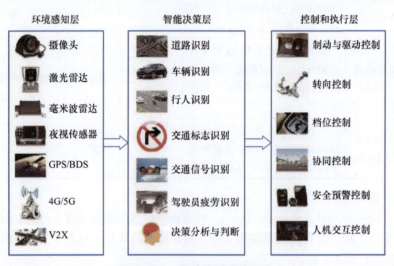

图9-10-2　智能网联系统组成

1. 环境感知层

环境感知层的主要功能是通过车载环境感知技术（摄像头、激光雷达、毫米波雷达、视觉传感器）、卫星定位技术、4G/5G及V2X（车与外界的信息交换）等，实现对车辆自身属性和车辆外在属性（如道路、车辆和行人等）静、动态信息的提取和收集，并向智能决策层输送信息。

2. 智能决策层

智能决策层的主要功能是接收环境感知层的信息并进行融合，对道路、车辆、行人、交通标志和交通信号等进行识别，决策分析和判断车辆驾驶模式和将要执行的操作，并向控制和执行层输送指令。

3. 控制和执行层

控制和执行层的主要功能是按照智能决策层的指令，对车辆进行操作和协同控制，并为智能联网汽车提供道路交通信息、安全信息、娱乐信息、救援信息以及商务办公、网上消费等，保障汽车安全行驶和舒适驾驶。

四、智能网联汽车特殊功能系统

智能网联汽车与一般汽车在功能上相比,主要是增加了环境感知与定位系统、无线通信系统、车载自组织网络系统和先进驾驶辅助系统等。

1. 环境感知与定位系统

环境感知与定位系统(图 9-10-3)主要功能是通过各种传感技术和定位技术,感知车辆本身状况和车辆周围状况。传感器主要包括超声波传感器、激光雷达、毫米波雷达、视觉传感器、车速传感器、加速度传感器、陀螺仪、方向盘转角传感器等,通过这些传感器,感知车辆行驶速度、行驶方向、运动姿态、道路交通情况等;定位技术主要使用GPS、中国北斗卫星导航系统以获取车辆的位置和航向信息。

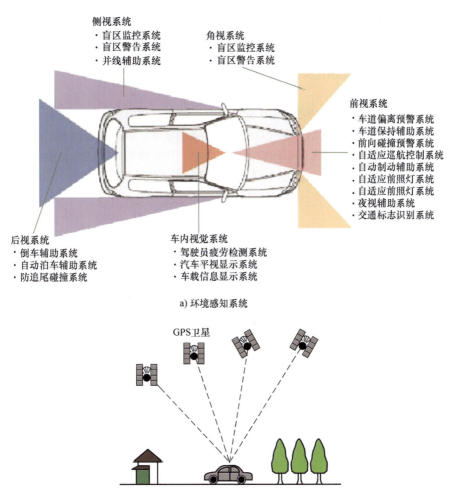

图 9-10-3 环境感知与定位系统

2. 无线通信系统

无线通信系统(图 9-10-4)主要功能是利用电磁波信号在自由空间中的传播特性进行各种数据和信息的传输,根据距离可分为短距离无线通信技术(距离一般是几厘米到几百米)和远距离无线通信技术。

（1）短距离无线通信

短距离无线通信技术为车辆安全系统提供实时响应的保障，并为基于位置的信息服务提供有效支持。它具有低成本、低功耗和对等通信这三个重要特征。短距离无线通信技术有蓝牙技术、紫峰（ZigBee）技术、Wi-Fi 技术、超宽带（UWB）技术、60GHz 技术、红外（IrDA）技术、射频识别（RFID）技术、近场通信（NFC）技术、可见光（VLC）技术、专用短程通信（DSRC）、LTE-V 等。

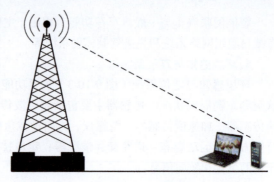

图 9-10-4　无线通信

（2）远距离无线通信

当无线通信传输距离超过短距离无线通信的传输距离时，称为远距离无线通信。远距离无线通信技术主要有移动通信、微波通信和卫星通信等。远距离无线通信技术用于提供即时的互联网接入，在智能网联汽车上的应用主要是 4G/5G 技术。

3. 车载自组织网络系统

车载自组织网络系统（图 9-10-5）是一种自组织、结构开放的车辆间通信网络系统，主要功能是提供 V2X 之间的通信，通过结合定位系统及无线通信技术，如无线局域网、蜂窝网络等，可为处于高速移动状态的车辆提供高速率的数据接入服务，并支持车辆之间的信息交互。它已成为保障车辆行驶安全，提供高速数据通信、智能交通管理及车载娱乐的有效技术。

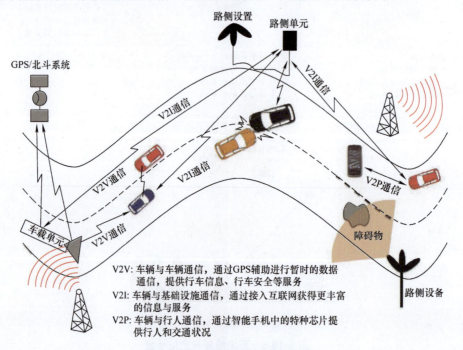

图 9-10-5　车载自组织网络结构

车载自组织网络系统是智能交通系统未来发展的通信基础，也是智能网联汽车安全行驶的保障。典型应用包括车辆行驶安全预警、辅助驾驶、分布式交通信息发布，以及基于通信的纵向车辆行驶控制等。

4. 先进驾驶辅助系统

先进驾驶辅助系统（ADAS）的主要功能是利用环境感知技术提前感知车辆及其周围情况，发现危险及时预警，提醒驾驶员或执行器介入汽车操作，保障车辆安全行驶，如图9-10-6所示。

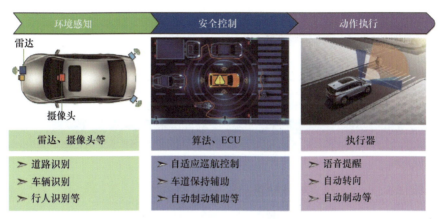

图 9-10-6　智能网联汽车的先进驾驶辅助系统

先进驾驶辅助系统是智能网联汽车的重要组成部分，是无人驾驶汽车的关键技术和过渡形态。按照环境感知系统的不同，它可以分为自主式和网联式两种。

（1）自主式先进驾驶辅助系统

自主式先进驾驶辅助系统基于车载传感器完成环境感知，依靠车载中央控制系统进行分析决策，技术较为成熟，多数已经装备量产车型。

自主式先进驾驶辅助系统按照功能可以分为自主预警类、自主控制类和视野改善类等。

1）自主预警类。自主预警是指自动监测车辆可能发生的碰撞危险并提醒，从而防止发生危险或减轻事故伤害。自主预警类先进驾驶辅助系统主要有前向碰撞预警系统、车道偏离预警系统、盲区监测系统、驾驶员疲劳预警系统等，见表9-10-3。

表 9-10-3　自主预警类 ADAS

系统名称	功能介绍
前向碰撞预警系统	识别潜在的危险情况，并通过提醒帮助驾驶员避免或减缓碰撞事故
车道偏离预警系统	可能偏离车道时给予驾驶员提示，减少因车道偏离而发生的事故
盲区监测系统	检测盲区内行驶车辆或行人
驾驶员疲劳预警系统	推断驾驶员的疲劳状态，进行报警提示或采取相应措施

2）自主控制类。自主控制是指自动监测车辆可能发生的碰撞危险并提醒，必要时系统会主动介入，从而防止发生危险或减轻事故伤害。自主控制类先进驾驶辅助系统主要有车道保持辅助系统、自动制动辅助系统、自适应巡航控制系统、自动泊车辅助系统等，见表9-10-4。

3）视野改善类。视野改善是指提高在视野较差环境下的行车安全性。视野改善类先进驾驶辅助系统主要有自适应前照明系统、夜视辅助系统、平视显示系统、全景泊车系统等，见表9-10-5。

表 9-10-4 自主控制类 ADAS

系统名称	功能介绍
车道保持辅助系统	修正即将越过车道标线的车辆，使车辆保持在车道线内
自动制动辅助系统	当车辆与前车处于危险距离时，主动产生制动效果让车辆减速或紧急停车，减少因距离过短而发生的事故
自适应巡航控制系统	使车辆始终与前车保持安全距离
自动泊车辅助系统	自动泊车入位

表 9-10-5 视野改善类 ADAS

系统名称	功能介绍
自适应前照明系统	自动调节前照明系统的工作模式
夜视辅助系统	晚上使用热成像，呈现行人或动物
平视显示系统	将汽车驾驶辅助信息、导航信息、ADAS 信息等以投影方式显示在前方，方便阅读
全景泊车系统	360° 全景提示

（2）网联式先进驾驶辅助系统

网联式先进驾驶辅助系统基于 V2X 通信完成环境感知，依靠云端大数据进行分析决策。网联式先进驾驶辅助系统功能主要有交通拥堵提醒、闯红灯警示、弯道车速警示、停车标志间隙辅助、减速区警示、限速交通标志警示、现场天气信息警示、过大车辆警示等。警示不仅告知车辆和驾驶员注意安全，而且可以通过 V2V（车辆与车辆通信）、V2I（车辆与基础设施通信）警示附近的车辆，从而协助防止相撞，例如有车辆在十字路口的死角闯红灯时起作用。

目前主要以自主式先进驾驶辅助系统为主，网联式先进驾驶辅助系统处于试验中，自主式、网联式和技术融合是智能网联汽车先进驾驶辅助系统的发展趋势，如图 9-10-7 所示。

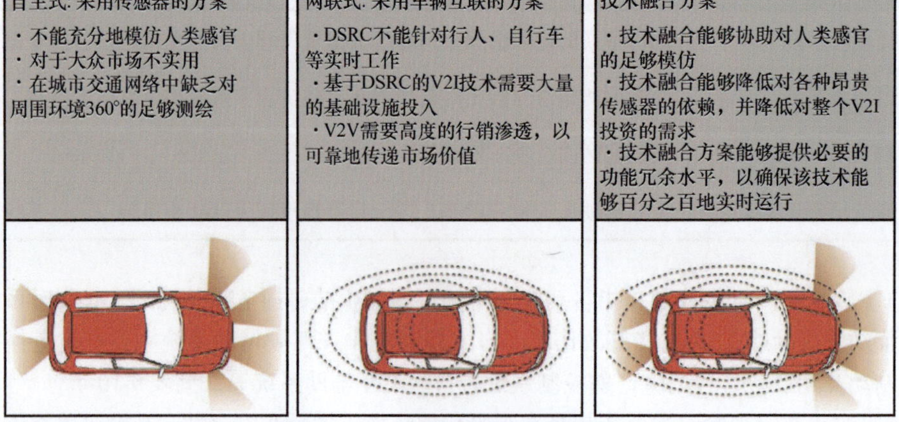

图 9-10-7 自主式和网联式的融合

五、广汽新能源 ADiGO 3.0 自动驾驶系统功能

广汽新能源 ADiGO 3.0 自动驾驶（有条件的）系统将被搭载于 AionLX（埃安 LX）车上，使其实现 L3 级自动驾驶（有条件的）。该系统搭载了"高精地图 + 高精雷达 +Mobileye EyeQ4 摄像头"，且配备了驾驶员疲劳监测（DMS）和方向盘脱离预警（HOD）功能。

在交通拥堵的城市中，该系统可提供后车接近预警（RAW）、拥堵低速自动跟车（TJA）、交叉路口横向交通提醒功能（FCTA）。遇到紧急情况时，车辆具备紧急制动（AEB）和前方碰撞预警（FCW）功能；且在停车过程中，自动泊车（APA）、停车后开门预警（DOW）、后方横向交通预警（RCTA）可为用户提供辅助，如图 9-10-8 所示。

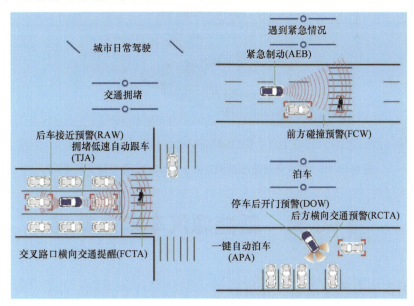

图 9-10-8　城市日常驾驶功能（ADiGO 3.0 自动驾驶系统）

在高速行驶过程中，该系统具备全速域跟车（IACC）、车道偏离警告（LDW）、车道保持辅助（LKA）、交通标识识别（TSR）功能。在不具备变道条件时，车辆拥有紧急车道保持辅助（ELK）功能。具备变道条件时，车辆可完成自动变道（ILC），期间还可以实现相临车道后方来车预警（LCA）辅助，如图 9-10-9 所示。

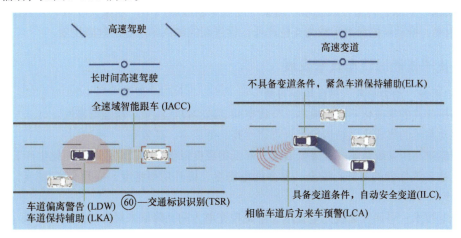

图 9-10-9　高速驾驶功能（ADiGO 3.0 自动驾驶系统）

此外，该系统配备了高精地图专供于自动驾驶系统，直接服务于智能驾驶决策控制器，而传统地图则是为驾驶员提供导航，二者性质不同。得益于高精地图可达到10cm以内的定位精度，车辆可准确获取车道级信息，可预判车辆前方1km的路况，从而提前规划最优行车路线，如图9-10-10所示。

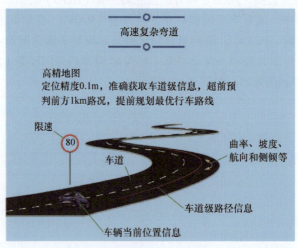

图9-10-10 复杂弯道路况预判功能（ADiGO 3.0自动驾驶系统）

第50天 新能源汽车未来发展

一、我国新能源汽车现状及发展政策

目前，我国的新能源汽车产业有着良好的发展机遇，国内汽车企业纷纷涉足新能源汽车的研发与生产，参与新能源汽车的示范运行及其产业化进程。比亚迪、吉利、北汽、广汽、奇瑞、东风、长安、上汽集团、一汽集团等是主要的参与者，目前已经成功研发多款轿车、客车及客车底盘。

近年来，新能源汽车产业成为我国战略性新兴产业的重要组成部分，为把握全球能源变革发展趋势和我国产业绿色转型发展要求。国家不断发布新能源汽车产业相关政策，大幅提升新能源汽车的利用率，推动新能源汽车成为支柱产业，促进新能源汽车产业的健康发展。

二、我国新能源汽车技术发展

1. 电池系统、动力总成、高压电控方面

1）高压部件的集成化：降低成本、节省空间、减少高压线束、增强可靠性。
2）驱动系统的集成化：结构紧凑、可靠性高、低成本、高效率。
3）新能源高压系统总集成：降低成本、降低集成度降低、降低电效率、简化生产工艺。
4）电池系统性能的提升：安全、提高能量密度、提升功率密度，提升SOC精度，提升循环寿命。
5）充电技术：可调控无线充电技术、可调控充电方向，降低未对准时的损耗、减小体积、降低成本，在偏心状态下保持充电功率的稳定性。

2. 新能源汽车智能化方面

1）智能网联汽车。详细内容已在第 49 天讲述。

2）大数据应用。在产品设计中的应用：根据大数据优化整车的设计目标参数，确定续驶里程的最佳选择，优化整车控制策略，获取电芯数据，为电芯及电池系统的设计提供优化方向。运营中的应用：优化行车路线，确定充电时间，布置物流运力，获取城市区间的消费能力和频次。

3）无人驾驶。能量监测系统、超声波雷达、毫米波雷达、激光雷达、摄像头、高精度地图、信息的有机集合。

三、我国新能源产业规划与布局

新能源汽车将重点发展插电式混合动力汽车、纯电动汽车和燃料电池电动汽车，并重点推进电池、电机、逆变器等关键核心零部件自主化，满足新能源汽车产业的发展需求，目的是减少尾气排放，改善环境质量，促进汽车产业技术的进步。

1. 主要任务

（1）加强新能源汽车关键核心技术研究

对于新能源汽车最为核心的技术——动力电池技术，需要重点开展动力电池系统安全性、可靠性的研究和轻量化设计，推进动力电池及相关零配件、组合件的标准化和系列化；重点开展高比能动力电池新材料、新体系以及新结构、新工艺等的研究。

至 2025 年，我国的动力电池系统电池单体比能量要达到 400W·h/kg 以上，成本需降至 0.8 元/（W.h），系统成本降至 1 元/W·h，燃料电池系统体积比功率达到 3kW/L，冷起动温度达到 -30℃ 以下，寿命超过 5000h，产能超过 10 万套。

（2）加快建立新能源汽车研发体系

引导企业加大对新能源汽车研发的投入，鼓励建立跨行业的新能源汽车技术发展联盟，加快建设共性技术平台。重点开展纯电动汽车、插电式混合动力汽车、燃料电池汽车等关键核心技术的研发；建立相关行业共享的测试平台、产品开发数据库和专利数据库，实现资源共享；建设国家级整车及零部件研究试验基地，构建完善的技术创新基础平台；建设具有国际先进水平的工程化平台，发展一批企业主导、科研机构和高等院校积极参与的产业技术创新联盟。

2. 科学规划产业布局

我国已建设形成完整的汽车产业体系，发展新能源汽车既要利用好现有产业基础，科学发展新能源汽车产业，也要充分发挥市场机制作用，加强规划引导，以提高发展效率。

1）统筹发展新能源汽车整车生产能力，合理发展新能源汽车整车生产能力，在产业发展过程中，要注意防止低水平盲目投资和重复建设。

2）重点建设动力电池产业聚集区域，培育和发展一批具有持续创新能力的动力电池生产企业，以及具有关键材料（正负极、隔膜、电解质）研发生产能力的企业。

3）增强关键零部件研发生产能力，发展一批符合产业链聚集要求、具有较强技术创新能力的关键零部件（驱动电机、高效变速器、逆变器）企业。

3. 加快推广应用和试点示范

新能源汽车现阶段虽然发展比较迅速，但仍处于产业化初期，应积极开展推广和试点示范，加快培育市场，推动技术进步和产业发展。

（1）积极推进新能源汽车试点示范

扩大公共服务领域新能源汽车示范推广范围，开展个人购买新能源汽车补贴试点，重点在国家确定的试点城市集中开展新能源汽车产品性能验证及生产使用、售后服务、电池回收利用的综合评价。继续开展燃料电池汽车运行示范，提高燃料电池系统的可靠性和耐久性，带动氢的制备、储运和加注技术发展。

（2）因地制宜发展替代燃料汽车

发展替代燃料汽车是减少车用燃油消耗的必要补充。积极开展车用替代燃料研发和应用，鼓励天然气（包括液化天然气）、生物燃料等资源丰富的地区发展替代燃料汽车。积极探索其他替代燃料汽车技术应用途径，促进车用能源多元化发展。

4. 积极推进充电设施建设

完善的充电设施是发展新能源汽车产业的重要保障。要科学规划，加强技术开发，探索有效的商业运营模式，积极推进充电设施建设，以适应新能源汽车产业化发展的需要。我国充电基础设施的发展目标见表 9-11-1。

表 9-11-1　我国充电基础设施发展目标

年份	目标
2020 年	建成超过 1.2 万座充换电站，超过 500 万个交直流充电桩 在小规模城市群建设充电服务网站 慢充功率提高至 6.6kW 以上，快充每充电 15min 电动汽车可以行驶里程大于 100km 实现无线充电、移动充电等新型充电技术试点运营 探索清洁能源与电动汽车的融合，实现电网与车辆双向充电技术（V2G）
2025 年	建成超过 3.6 万座充换电站，超过 2000 万个交直流充电桩 建成覆盖全国的充电服务网络 慢充功率提高至 10kW，快充每充电 10min 可行驶超过 100km 实现无线充电、移动充电等新型充电技术大规模推广应用 实现可再生能源与电动汽车融合的示范应用
2030 年	建成超过 4.8 万座充换电站，超过 8000 万个交直流充电桩 进一步完善优化全国充电服务网络 将风能、太阳能等接入充电服务网络，实现可再生能源与电动汽车融合的规模化应用

试点城市应加大政府投入力度，积极吸引社会资金参与，根据当地电力供应和土地资源状况，因地制宜建设慢速充电桩、公共快速充换电等设施。鼓励成立独立运营的充换电企业，建立分时段充电定价机制，逐步实现充电设施建设和管理市场化、社会化。

5. 加强动力电池梯级利用和回收管理

制定动力电池回收利用管理办法，建立动力电池梯级利用和回收管理体系，明确各相关方的责任、权利和义务。引导动力电池生产企业加强对废旧电池的回收利用，鼓励发展专业化的电池回收利用企业。严格落实各项环保规定，严防重金属污染。